中 等 职 业 教 育 规 划 教 材

决战职场 素养致胜

——献给即将跨出校门的你

肖玉珍 主审

杨海莹 陆培正 主编

人民邮电出版社

北 京

图书在版编目（CIP）数据

决战职场　素养致胜：献给即将跨出校门的你 / 杨
海莹，陆培正主编. -- 北京：人民邮电出版社，2016.12
中等职业教育规划教材
ISBN 978-7-115-42984-1

Ⅰ．①决… Ⅱ．①杨… ②陆… Ⅲ．①职业道德－中
等专业学校－教材 Ⅳ．①B822.9

中国版本图书馆CIP数据核字（2016）第155612号

内 容 提 要

本书针对学生在企业实习和初到企业工作中遇到的问题而编写。全书共分四篇，主要内容包括：
介绍当前毕业生主流的就业方式、招聘渠道，为学生求职支招；介绍简历的编写、面试的着装礼仪
及现场回答的技巧；职场的礼仪；应该持有的工作态度；职场沟通的"黄金"法则；企业安全注意
事项等。

本书适合作为职业院校企业实习的指导教材，也可作为企业培训新员工的参考教材，同时可以
作为刚刚步入职场新人的参考手册。

◆ 主　审　肖玉珍

　　主　编　杨海莹　陆培正

　　责任编辑　王　平

　　责任印制　焦志炜

◆ 人民邮电出版社出版发行　　北京市丰台区成寿寺路 11 号
　　邮编　100164　　电子邮件　315@ptpress.com.cn
　　网址　http://www.ptpress.com.cn
　　北京鑫丰华彩印有限公司印刷

◆ 开本：787×1092　1/16
　　印张：8　　　　　　　　2016 年 12 月第 1 版
　　字数：186 千字　　　　 2016 年 12 月北京第 1 次印刷

定价：29.80 元

读者服务热线：(010)81055256　印装质量热线：(010)81055316
反盗版热线：(010)81055315

前言

Preface

　　随着职业院校连年扩招，毕业生人数也大幅度增加，毕业生的就业形势更加严峻，竞争越来越激烈。校园环境和企业环境有很大差别，如何顺利完成学生到企业员工的转变，一直困扰着学生。作者根据多年职业教育的经验，针对学生在企业实习和初到企业工作中的困惑和疑虑，编写了这本书。本书以"服务学生为本"的宗旨，全面向学生剖析实习过程的每一个环节，包括求职应聘、融入团队、学习成长、实习安全等各个环节。希望本书对即将实习的学生有所帮助。

　　本书内容特点有以下几方面。

　　（1）通过宏观数据向毕业生讲述当前的就业形势，针对社会的就业需求热点，引导学生从积极的角度参加实习。引导学生树立正确的就业观、择业观，树立远大的职业目标。

　　（2）为了让学生在"新人期"顺利健康的成长，本书着重向学生介绍如何快速融入团队，以适应企业的文化。

　　（3）本书从语言、行为、情绪、心理等方面介绍引导正确处理职场矛盾的方法和方式。

　　（4）本书从人身财产安全、交通安全、安全标识常识、生产安全、厂房安全、办公室安全和心理安全7个方面指导学生安全实习。

　　本书由杨海莹和陆培正任主编。由于时间仓促和编者水平有限，不足之处在所难免，恳请广大读者给予批评指正。

2016 年 12 月

目
Contents
录

目
Contents
录

第一章　瞄准目标，求职技巧要学会

　　职业学校的毕业生数量逐年增多，就业竞争越来越激烈，在学习期间就应该有明确的职业目标，要抓住每一个机会，争取每一个出彩的时刻，掌握一定的求职技巧，为今后找到心仪的工作打下基础。

　　本章学习重点：一是学会自我分析，认清自己；二是制定合理的目标，树立正确的价值取向；三是了解和掌握当前的求职途径；四是制作符合职业要求和特点的简历；五是掌握现场面试的技巧；六是要清楚了解签订实习协议的注意事项。

第一节　知己知彼，认识自我

毕业生在找工作之前，往往会有所迷惘，也有所期待。如何才能把握正确的方向呢？答案就是，清楚了解自己是什么样的人？想要做什么事情？能做到什么事情？清楚自己具备的技能。

一、分析自己的特点及周围环境条件

1. 自我剖析特点

（1）能力要素：如是否具备优秀的写作能力；是否拥有良好的沟通能力；或者是否拥有良好的解决问题的能力，诸如此类。

（2）兴趣要素：自己对工作种类、性质的喜好。如有的人喜欢动手操作的工作；有的人喜欢与人沟通的工作；有的人喜欢写作等工作。

（3）性格要素：自己的性格偏向安静、谨慎，还是偏向好动、活泼等，也会影响对职业的定位。

2. 人际圈提供的支持

这里主要包括家庭、朋友、亲戚对自己的择业提供什么样的支持。

3. 社会支持

毕业生获得社会支持，主要体现在学校就业推荐工作的支持，如学校的校园招聘会，及当地人力资源部门、教育局等举办的各类招聘会。

二、认识自我的五大途径

1. 自我观察法

通过对自己的身高、外貌、体态、性格、与他人的关系等方面进行观察和比较，了解自己大概是一个怎样的人。

2. 他人评价法

根据"旁观者清"的观察优势，虚心听取他人的评价，同时又要客观、冷静地分析他人的评价，从多个维度认识自己。

3. 社会比较法

观察和了解自己拥有的能力、人脉、经济实力等条件，推测自己将来在职业道路上获得的支持有多少。

4. 实践认识法

通过参加各种活动，自己从参与过程中自己的表现与结果来认识自己。

5. 反思总结法

日常中需要经常反思和总结自己所学知识和所做的事情，通过写日记、写总结的形式，及时归纳优点与不足。

三、自我认识拓展训练

心理测评法是美国兰德公司根据多年的研究总结而来的，已经在很多个国家测试过，有比较好的预测性。大家也来试一下。

提　示

　　每个题目只能有一个答案，必须要选择第一印象答案，把相应的答案加起来就是自己的得分。

（1）你更喜欢吃哪种水果？

A．草莓 2 分　　　　B．苹果 3 分　　　　C．西瓜 5 分　　　　D．菠萝 10 分

E．橘子 15 分

（2）你平时休闲经常去的地方？

A．郊外 2 分　　　B．电影院 3 分　　　C．公园 5 分　　　D．商场 10 分

E．酒吧 15 分　　　F．练歌房 20 分

（3）你认为容易吸引你的人是？

A．有才气的人 2 分　　B．依赖你的人 3 分　　C．优雅的人 5 分

D．善良的人 10 分　　E．性情豪放的人 15 分

（4）如果你可以成为一种动物，你希望自己是哪种？

A．猫 2 分　　　　B．马 3 分　　　　C．大象 5 分　　　D．猴子 10 分

E．狗 15 分　　　　F．狮子 20 分

（5）天气很热，你更愿意选择什么方式解暑？

A．游泳 5 分　　　B．喝冷饮 10 分　　　C．开空调 15 分

（6）如果必须与一个你讨厌的动物或昆虫在一起生活，你能容忍哪一个？

A．蛇 2 分　　　B．猪 5 分　　　C．老鼠 10 分　　　D．苍蝇 15 分

（7）你喜欢看哪类电影、电视剧？

A．悬疑推理类 2 分　　B．童话神话类 3 分　　C．自然科学类 5 分

D．伦理道德类 10 分　　E．战争枪战类 15 分

（8）以下哪个是你身边必带的物品？

A．打火机2分　　　B．口红2分　　　　C．记事本3分　　　　D．纸巾5分

E．手机10分

（9）你出行时喜欢做什么交通工具？

A．火车2分　　　　B．自行车3分　　　C．汽车5分　　　　　D．飞机10分

E．步行15分

（10）以下颜色你更喜欢哪种？

A．紫2分　　　　　B．黑3分　　　　　C．蓝5分　　　　　　D．白8分

E．黄12分　　　　 F．红15分

（11）下列运动中挑选一个你最喜欢的（不一定擅长）。

A．瑜伽2分　　　　B．自行车3分　　　C．乒乓球5分　　　　D．拳击8分

E．足球10分　　　 F．蹦极15分

（12）如果你拥有一座别墅，你认为它应当建立在哪里？

A．湖边2分　　　　B．草原3分　　　　C．海边5分　　　　　D．森林10分

E．城中区15分

（13）你更喜欢以下哪种天气现象？

A．雪2分　　　　　B．风3分　　　　　C．雨5分　　　　　　D．雾10分

E．雷电15分

（14）你希望自己的窗口在一座30层大楼的第几层？

A．7层2分　　　　 B．1层3分　　　　 C．23层5分　　　　　D．18层10分

E．30层15分

（15）你认为自己更喜欢在以下哪一个城市中生活？

A．丽江1分　　　　B．拉萨3分　　　　C．昆明5分　　　　　D．西安8分

E．杭州10分　　　 F．北京15分

下面是分值分析，请对号入座。

180分以上：意志力强，头脑冷静，有较强的领导欲，事业心强，不达目的不罢休。外表和善，内心自傲，对有利于自己的人际关系比较看重，有时显得性格急躁，咄咄逼人，得理不饶人，不利于自己时顽强抗争，不轻易认输。思维理性，对爱情和婚姻的看法很现实，对金钱的欲望一般。

140～179分：聪明，性格活泼，人缘好，善于交朋友，心机较深。事业心强，渴望成功。思维较理性，崇尚爱情，但当爱情与婚姻发生冲突时会选择有利于自己的婚姻。对金钱欲望强烈。

100～139分：爱幻想，思维较感性，以是否与自己投缘为标准来选择朋友。性格显得较孤傲，有时较急躁，有时优柔寡断。事业心较强，喜欢有创造性的工作，不喜欢按常规办事。性格倔强，言语犀利，不善于妥协。崇尚浪漫的爱情，但想法往往不合实际。对金钱欲望一般。

70～99分：好奇心强，喜欢冒险，人缘较好。事业心一般，对待工作，随遇而安，善于妥协。善于发现有趣的事情，但耐心较差，敢于冒险，但有时较胆小。渴望浪漫的爱情，但对婚姻

的要求比较现实，不善理财。

40～69分：性情温良，重友谊，性格踏实稳重，但有时也比较狡黠。事业心一般，对本职工作能认真对待，但对自己专业以外事物没有太大兴趣，喜欢有规律的工作和生活，不喜欢冒险，家庭观念强，比较善于理财。

40分以下：散漫，爱玩，富于幻想。聪明机灵，待人热情，爱交朋友，但对朋友没有严格的选择标准。事业心较差，更善于享受生活，意志力和耐心都较差，我行我素。有较强的异性缘，但对爱情不够坚持认真，容易妥协。没有财产观念。

第二节　我的职业我做主，做有目标的人

毕业生走出校门，踏进社会实践，是人生的重要里程碑。前三年的职业发展是否顺畅，将会深刻影响到个人的职业发展道路，为了不让自己输在起跑线上，要制定切实可行的职业发展规划。

1. 企业最需要的人才类型

根据相关数据显示，中国企业家最喜欢的人才是志同道合的人才，也就是喜欢"价值观一致"的人才，排在这个后面的才是"德才兼备"的人才。原因有以下两个。

（1）企业的实质就是怀有共同奋斗目标的人，一起努力奋斗促使目标达成的组织。故相当部分的企业在招聘过程中，把人才的价值观放在首位。

A同学和B同学共同走进一家科技公司。A同学每天诚诚恳恳，对领导交代的事情尽心尽力完成，从来不抱怨，不说公司的制度、规章、人际关系的闲话。而B同学每天都能抱怨出新花样，昨天抱怨公司管理死板，压抑新人，今天又抱怨公司饭堂伙食差，甚至有时候还会说竞争对手管理好。两个月过去，B同学被解雇了。这个事例说明了，在企业工作好比同坐一条船，那种爱抱怨、朝秦暮楚的行为是不受企业欢迎的。

（2）价值观一致的团队能够减少摩擦。职场工作大部分时间是团队共同工作，拥有共同的价值观能够让整体的工作习惯、风格趋向一致，让思想同步，进而促进内部有效沟通，减少沟通障碍，使团队更加和谐。

小建议

当对某一家公司的某一个岗位十分渴求时，你一定要先做好功课，了解企业的背景和文化，了解关于该公司的一些具体事例和相关数据，让自己面试更有"底气"。

2. 制定合理的职业目标

很多学生往往以为制定合理的职业目标是写一份职业生涯规划书，没什么大用处，因此不仔细思考，存在下面3种问题。

（1）应付学校的任务要求，随便在网上找一篇修改。

（2）计划赶不上变化，做了也白做。

（3）口号喊得响，目标太远大，脱离自身实际。

3. 合理的职业目标要素

合理的职业目标具有下面两个要素。

（1）针对性：目标与自己的专业、工作能力、工作性质相匹配，千万不能凭空想象，或者将多年后的目标放到近期实现。建议制订半年或一年计划比较合适。

（2）可控性：实现个人目标的行动计划，应该是可控的，自己能够掌握主动权。不要将过多的客观因素考虑在内，而且不要存有侥幸心理，不能存有靠人际关系才能成功的心态。

4. 拓展训练

制定职业目标的重要性是显而易见，请回答下面问题，为自己做一份切实可行的计划书。

（1）你喜欢做什么？

_____

_____

_____

（2）你讨厌做什么？

_____

_____

_____

_____

（3）你的家人能够给你提供什么支持？

_____

_____

_____

（4）你是宅男 / 宅女，还是阳光男孩 / 女孩？

_____

_____

_____

（5）半年之内，你最想做什么？想要怎样做好？需要哪些帮助？

_____

_____

_____

如果你认真思考，并填写好，恭喜你完成了一次小小的目标规划！希望你的目标早日实现！

第三节　求职方式面面观

　　随着网络技术的日益发展和新媒体技术的广泛运用，社会的招聘方式和渠道发生了明显的变化。有的招聘方式日渐退出市场，如报刊、电视、海报等招聘方式逐渐萎缩退市，网络招聘、微信招聘、朋友圈招聘的方式已经成为招聘市场新宠。但不管招聘手段如何多样，校园招聘会仍然是毕业生求职最重要的窗口。

一、近几年就业形势

　　伴随着国家经济转型战略的逐步落实，未来几年会呈现"局部招聘难、局部用工荒"的现状。对于广大应届毕业生而言，这是挑战与机遇并存的局面。未来就业市场呈现几大特点：高校毕业生人数持续上升（见图 1.1），市场的就业压力巨大。2015 年全国高校毕业生在 749 万以上，再加上出国留学回来的约 30 万海归，以及之前没有找到工作的往届毕业生，预计 2016 年全国将有 1000 万学生同时竞争。应届

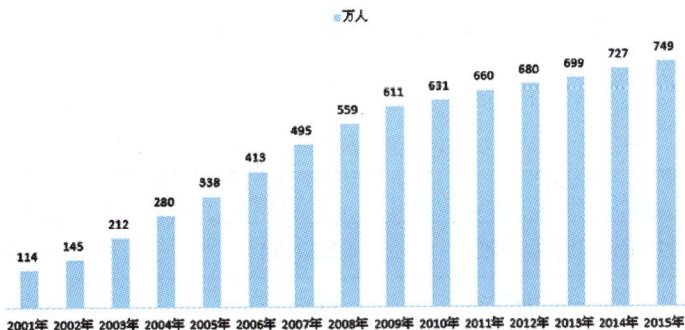

图 1.1　2001—2015 年全国高校毕业生人数

毕业生就业问题比较突出。

我国经济转型过程中，呈现结构性失业现状。一些中小企业、民营企业技术创新的能力还比较薄弱，产品结构转型的步伐比较缓慢，受国内外市场竞争、产品技术含量、附加值等因素的影响，企业不得已实施低价竞争策略，部分企业过分控制人工成本，支付给员工的工资待遇较低、用工需求也持续降低。

国际经济发展形势仍然不确定，风险和变数依旧较多，欧美主要经济体面临着财政紧缩、主权债务风险上升等诸多问题，新兴经济体面临着经济结构调整、出口下滑等问题，世界经济艰难复苏，影响着出口型经济及就业的发展。

本科毕业生就业形势相对严峻，职业院校毕业生就业现状较为乐观，但学生职业素养有待提升。本科毕业生求高薪、求舒适、求名气的心态仍较普遍，希望能去的单位名声好、工作条件好、生活待遇好、有出国机会，甚至离家比较近等。但职业院校毕业生由于技术操作能力扎实、心态务实、期望值合理，在求职过程中更加容易收到企业的青睐，在市场上供不应求。

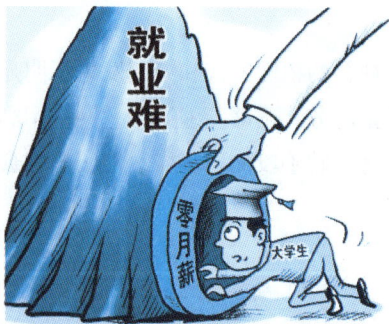

技术类岗位、服务类岗位需求旺盛。2015年广州市相关单位对劳动市场进行详细调查（见表1.1）。调查指出，随着广州市及周边城市的发展，技术类岗位和服务类岗位的需求日益旺盛，而相关岗位的从业人员相对较少，市场缺口比较大。

表1.1　　　2014年第四季度和2015年第一、二季度技术类、服务类岗位需求表

时间	需求人数	求职人数	求人倍率
2015年第二季度有效数	520164	43987	11.82
2015年第一季度有效数	469535	38399	12.23
2014年第四季度有效数	596803	51615	11.26

二、聚焦毕业生三大主流招聘方式

1. 网络招聘

优点：（1）打破时间、空间的限制，获取大量的招聘信息；（2）求职成本较低，只要能操作电脑就能够报名求职；（3）短时间内大批量投递简历，提高面试的概率。缺点：（1）无效、无用、过时的招聘信息难以辨别；（2）招聘信息的真实性不高；（3）网络诈骗的重灾区。

2. 招聘会

招聘会的形式很多，有校园招聘会、专场招聘会、人才市场招聘会等形式。本节主要介绍校园招聘会。优点：（1）企业经过筛选、真实可靠；（2）工作强度、安全标准有保障；（3）专业对口、工作岗位具有针对性。缺点：（1）企业数量不能够充分保证；（2）岗位的种类和选择也不够丰富；（3）竞争大，学生淘汰率高。

3. 熟人推荐

优点：（1）岗位可信度较高、容易面试成功；（2）工作待遇较高。缺点是求职周期长。

三、延伸阅读

作为一名毕业生，求职找工作必须要"眼观六路、耳听八方"。关心行业变化发展动态。尤其是职业院校的学生必须清楚了解科技发展带来的生产变革、技术变革、工艺变革等情况；关心行业变化带来的行业洗牌、工作内容的变化，才能让自己在求职过程中，辨别哪些是朝阳行业、哪些是黄昏行业，减少求职挫折，提高就业质量。

每年广州市都会公布紧缺工种目录，这些工种代表着"有前途、有钱途"的优质岗位。2015年公布了 64 个紧缺工种，如下所列。

广州紧缺这些工种：

焊工（含电焊工、气焊工、化工检修焊工）、维修电工（含电工、装卸机械电器修理工、化工检修电工）、机修钳工（含工程机械修理工、制剂药品生产车间维修工、电动装卸机械修理工、内燃装卸机械修理工、化工检修钳工）、装配钳工（含钳工）、工具钳工、车工（含数控车工）、铣工（含数控铣工、数控铣床操作工）、加工中心操作工、镗工、磨工、铸造工、锻造工、金属热处理工（含热处理工）、冷作钣金工（含冷作工、船舶钣金工、化工检修铆工）、涂装工（含油漆工）、无损检测员（含无损探伤工）、起重装卸机械操作工（含天车工、电动装卸机械司机、内燃装卸机械司机）、起重工（含安装起重工）、机械设备安装工（含管道工）、电气设备安装工（含电梯安装维修工）、电气试验员、药物制剂工（含制剂包装工、灯检工）、城轨接触网检修工、内燃机车钳工、信号工（施工）、线路工、变电检修工、车电钳工、电动列车电气钳工、机车调度员、电动列车司机、船舶电焊工、船体装配工、船舶管系工、船舶气割工、船舶起重工、聚乙烯生产工、聚苯乙烯生产工、化工工艺试验工、精细木工、钢琴调律师、钢琴制作工、土石方机械操作工、精密仪器仪表修理工、动画绘制员、模具设计师、数控铣床操作工、电子商务师、汽车检测工（汽车检验员）、可编程序控制系统设计师、会展策划师、健康管理师、多媒体作品制作员、物流师（仓储管理、物流信息管理、运输管理、国际货运管理、采购管理）、制图员（机械、建筑、电子、珠宝）、网络编辑员、投资（基金）经理、保险精算师、期货业务经理、商业银行授信审批经理、核保核赔师、飞行员、飞机签派员、飞机维修员。

　　另外，根据广州市主管就业部门的相关统计，目前技术类岗位用工相当紧缺。焊工、车工、磨工等职位处于长期供不应求的状况。表 1.2 列出了 2015 年广州市十大紧缺岗位。

表 1.2　　　　　　　　　　2015 年广州市十大紧缺岗位

序号	工种名称	招用人数	求职人数	求人倍率
1	车工	16139	2034	7.93
2	磨工	9762	1369	7.13
3	模具工	11572	3216	3.60
4	汽车修理工	26931	4397	6.12
5	机械设备维修工	19823	4981	3.98
6	机修钳工	17398	4109	4.23
7	焊工	9843	1364	7.22
8	高压电工	21143	2997	7.05
9	维修电工	21009	6987	3.01
10	低压电工	31120	6874	4.53

第四节　简历，淡妆浓抹总相宜

制作个人简历是每一个应届毕业生的重要课程。一份吸引人的简历，是获取面试机会的敲门砖。所以，怎样写一份"动人"的简历是求职者的重要工作。

1. 个人简历的基本内容

简历并没有固定格式，对于社会经历较少的毕业生，一般包括个人基本资料、学历、社会工作、获得奖励及课外活动、兴趣爱好等几个方面，如图1.2 所示。

图 1.2　简历的基本内容

（1）基本信息：姓名、年龄、籍贯、住址、婚姻状况、健康状况、性别、性格爱好、政治面貌等。

（2）学习经历：就读院校，主修专业和内容。重点写出自己主要修读的专业和专业技能的描述。

（3）在校经历：在学校组织或参加过什么活动，是否担任学生干部和班干部，参加哪些社团活动，是否参加过志愿者活动。

（4）所获得的等级证书和荣誉：包括在校期间获得的所有荣誉和证书嘉奖，工作过程中所获得过的勋章和表扬等。

（5）职业技能和能力：包括计算机等级，外语水平，以及其他相关方面的专业技能和认证。

（6）所求职的方向和目标以及薪资要求。薪资要求建议不写绝对化的数字，建议写一个范围，如 2500 ～ 3000 元 / 月。

2. 撰写简历的建议

（1）首先要突出过去的成就。过去的成就是能力的最有力的证据。把它们详细写出来，会有说服力，也是在面试过程中，面试官最关注的地方。毕业生可以重点写两个成功的社团活动、考证经历、学习经历等内容。

（2）简历表切忌过长，应尽量浓缩在 3 页之内。最重要的是要有实质性的东西给用人单位看，在很多情况下，学校会有简历的固定模版给学生参考，但是必须根据自己的实际情况重新编写信息。

（3）简历表上的资料必须是客观而实在的，千万不要夸大事实，要本着诚实的态度，有多少写多少。

（4）简历表上的资料不要密密麻麻地堆在一起，项目与项目之间应有一定的空位相隔。

（5）不要写对申请职位无用的东西，如很多学生喜欢写自我评价，但是自我评价的内容却大同小异，因此建议写一些贴合个人实际的内容，面试官需要清楚了解的内容。

（6）简历的材质、排版一定要规范标准。打印版本的简历必须字体大小一致、颜色一致、行距一致；单元格的设置一定要统一规范。此外手写版本的简历，必须要求字体整齐、不能出现错别字，简历上不能有修改的痕迹。

3. 海投简历的小技巧

（1）海投简历讲究时间点。一般企业 HR 在招聘旺季的时候，往往查看简历的时间在早上 9：00 ～ 10：00，或下班前的一个小时。在投递简历截止时间段比较长的情况下，建议在第一天或在截止时间的前一天投递，大部分 HR 喜欢从后往上看，或按时间顺序排列，这样你的简历会很快出现在 HR 面前。

小禁忌

海投简历必须把简历上面出现的一些敏感词语删除。有的海投简历会出现我想应聘 A 公司，但是投递给 B 公司，你想想 B 公司 HR 会怎样想呢？

（2）简历投递要反复。有的同学如果很喜欢一份工作，建议重复投递，这样会提高 HR 看到简历的概率，也可以给 HR 留一个好印象：你真的喜欢这份工作，对他们的公司相当尊重。不过反复投递简历要适可而止，千万不要弄巧成拙。

（3）电话咨询。有的同学是急性子，自己投递简历之后，焦急地想知道自己的简历有没有被看到，可以直接打电话咨询。不过要注意，自己说话的方式要彬彬有礼，要谦虚诚恳。

第五节　面试攻略，你知多少

现场面试是应届毕业生求职过程中最常见的面试方式。熟练掌握现场面试的技巧，有利于在面试过程中获得更加多的机会。本节主要从面试准备、面试礼仪、面试过程、面试结束 4 个方面，介绍现场面试的技巧。

1. 面试前的准备阶段

工欲善其事必先利其器，面试是一场没有硝烟的战争。做好所有的"战斗"准备能够让自己提高获胜的概率。

（1）做好失败的准备。面试本质上是挑选最适合的人才，并非最优秀的人才。面试失败不是代表自己不够优秀，而是代表你不适合这份工作。面对失败，更加需要的是积累经验，积极面对。

（2）面试"三大利器"一件不能少。一是准备几份个人简历，准备不时之需。二是准备好闹钟，确保自己不会迟到。三是准备好笔记本和笔，将重要信息记录下来。此外身份证、各类职业资格证书、奖励证明也要准备好。

2. 学会面试基本礼仪

（1）守时，是每个求职者的重要品质，是个人诚信的表现。一般建议要提前 20 ~ 30 分钟到达面试地点，咨询当天面试的流程，让自己能够清楚了解各个环节。

（2）等候面试需要注重个人礼仪。一般在学校的招聘会，面试者一般为同学，大家难免会交头接耳、玩手机、来回走动等。建议：说话轻声细语；来回走动的时候，要轻轻关门；尽量不要长时间玩手机，要保持头脑轻松。

（3）走进面试室要注意整理个人仪容仪表。检查衣领是否整齐、头发是否乱，带齐自己的资料进去。在进去之前，如果有门，需要轻轻敲门三下，询问是否能进去。面试过程中，要注意自己的语言，不能说不好的口头禅，面试结束后要对面试官表示感谢。

3. 面试过程中善于运用身体语言

（1）保持微笑。微笑可以让自己看起来更加自信，更加具有亲和力，能够在一定程度上给面试官留下好印象。

（2）进入面试室后，不要着急坐下，面试官叫坐下的时候，才坐下，否则让面试官感觉到不礼貌。坐下后，向面试官问好，以示尊重。

（3）目光要适时注视面试官。面试一开始就要留心自己的身体语言，特别是自己的眼神，不时望向面试官，聚焦在面试人员身上，展现出自信及对对方的尊重。如果自己碰到难题或疑问的时候，眼神不要慌乱，面带微笑，随机应变。

4. 面试结束阶段

（1）面试结束之前，要向面试人员询问下一轮面试时间或录取结果公布时间，让自己做好一个心理准备，或面试结束后的一周之后向单位电话咨询面试结果。

（2）敢于向单位询问工作内容、工作工时、工作待遇等问题。但是建议委婉提问这些敏感问题，要注意尺度，不要让单位觉得你操之过急。

5. 延伸阅读——在面试中如何顺利过关

应届毕业生在面试过程中通常都非常在意面试官提问问题。很多同学喜欢到网上搜罗各种问题，备好多种回答问题的方式和技巧，为自己的面试提供帮助。实际上，毕业生面试的问题和种类比较集中，除非是个别单位招聘的职位特别优秀、待遇特别丰厚，否则一般不会出现几十个人争抢一个岗位。据统计，企业在普通岗位面试录用比例大约是 1 ：5，基本上不会因为面试问题而淘汰。淘汰的原因往往是自己的硬件能力、专业背景、外貌形象等因素。建议在面试过程中，坚持以下两个原则。

（1）一切回答都是客观事实。很多同学面试过程中，为了显现自己的优秀，添油加醋地说话，明明是轮流担任干部，却说长期担任干部；明明只是简单参与一些活动，负责不太重要的事情，却说自己很重要；更甚者明明自己就不善于打交道，硬说自己的协调沟通能力很好。这些回答不会为自己加分，反而引起面试官的怀疑，降低面试通过的可能性。

（2）所有回答必须和职业相关。很多学生拥有不错的口才，说起话来滔滔不绝。有时候为了表现自己的口才说了很多与工作不相关的内容，结果让面试官觉得你找不到关键点，所答非所问。

（3）经过长期的实践和调查，归纳出下面面试官经常提问的问题。

问题1：请你简单地介绍一下自己。

自我介绍几乎是每一位面试官都会提问的，自我介绍看起来简单，但想回答得精彩也相当有挑战性。建议从学校情况、学习情况、兴趣情况等方面做重点阐述，时间1~2分钟比较适合。

问题2：你最大的优点/缺点是什么？

这个问题实质上是面试官希望知道求职者具有哪些素质证明自己胜任这份工作，或者哪方面的问题会影响到工作。回答优点时，千万不要贪多，着重说一个与工作相关的优点，举例说明即可。此外真诚地说出自己的缺点，但这个缺点绝对不能是应聘职位的"致命伤"，同时，你还需要表明自己积极改正的态度和决心。

问题3：为什么选择我们公司或这个岗位？

面试官主要是通过这个问题了解求职者的求职动机，建议从两个方面回答。一是从职业规划的角度回答，说明应聘的单位或岗位和自己的职业规划相一致。二是从求职动机出发，侧面称赞面试的单位、工作岗位，加上自己的职业规划，让面试官觉得你很有诚意，很想到他们的单位工作。

问题4：你觉得你适合这个岗位吗？

回答这类问题，重点不在于进入公司后会怎样努力、怎样学习让自己成功，而是通过以前自己做过什么事情，来证明自己真的适合这份工作。

问题5：你是应届毕业生，缺乏经验，如何能胜任这项工作？

在绝大多数情况之下，这个问题不在于你自己是不是有多少工作经验，面试官也清楚知道一个毕业生不会有多少经验。他们想知道的是求职者的随机应变能力，解决问题的能力。回答这种问题，一般只要思路清晰，态度诚恳，承认自己的不足，表示改正这种不足的诚意就行。

问题6：这份工作经常要加班，包括节假日，你有没有心理准备？

面试官问这个问题并不证明一定要加班，他只是想测试求职者是否愿意为公司奉献。虽然不会有人心甘情愿地加班，但求职者在回答这个问题时要表现出愿意配合的态度。

问题7：你有什么样的职业规划？

职业规划类问题也是面试官比较喜欢提问的问题。主要考查求职者个人的计划打算与公司工资的发展、用人政策是否匹配。建议在回答此类问题过程中，不要一味谈自己的理想，更应该谈论的是自己的行动计划、学习计划。而且这些计划是短期内能够看得见的，这样单位对于你的评价会更加直观。

问题8：你做过的哪件事最令自己感到骄傲？

这类问题重点在于细节，一定要具体说出时间、地点、人物、事情的过程、结果。自己在这个事情上担任什么角色，自己在事情上做了什么，怎样解决问题之类。

问题9：你为什么会选择目前的专业呢？

这个问题主要考查学生的判断能力，回答问题时着重介绍自己在挑选专业过程中，自己做了哪些准备工作、做了多少调查决定挑选这个专业。如果只是回答凭借兴趣、爱好选择这个专业，未免显得自己选择上比较草率。

问题10：如果我们单位录用了你，但工作一段时间却发现你根本不适合这个职位，你怎么办？

面试官提这个问题，主要是考查求职者工作的稳定性和职业定位。求职者在回答这个问题的时候，最好分情况阐述。

第六节　案例分析

由于毕业生的社会经验不足，急于找到工作锻炼自己，社会上很多不法分子就瞄准毕业生行骗。本节就社会上流行的几种招聘行骗方式进行分析。

陷阱1：收取各类押金、上岗费。

某校学生小李看到某信息咨询有限公司在媒体上刊登的招聘广告后，决定应聘该公司的家具设计岗位。经过简单面试，小李交了500元押金和50元信息费，拿到第一个项目回家做。过了一个星期交稿时，小李得到了500元稿费，并又拿到另一个制作项目。再过了两个礼拜，小李致电公司准备交稿，可电话怎么也打不通，赶到公司，企业的负责人告诉他已经被淘汰了，押金因为小李的淘汰也不会退回。这下小李傻眼了。

按照国家有关规定，任何单位在招聘时不得以任何名义向求职者收取钱财，求职者遇到用人单位要求缴纳各种费用，即便对方表示可以出具发票、收据，也千万不能交钱。另外，求职者一旦发现招聘单位可疑，可要求查看其营业执照（注：营业执照也有可能造假，最好能到工商部门核实一下，再上网搜索一下该公司有无行骗记录）。

陷阱 2 ："高薪诚聘"

传销者高薪诱惑求职者加入传销行列，也是近年来常见的招聘陷阱。"只要你加入我们的团队，3 个月后，月薪就能拿到 3000 元。随着业绩的增加，工资将逐月增长。"近年来，应届毕业生因求职受骗而落入传销圈套的案件时有发生。一些学生甚至被骗至外地，花了冤枉钱，才明白是被骗搞传销，有苦说不出。

"高薪诚聘"虽然充满诱惑，但求职者也要多长个心眼，天上不会掉馅饼，求职者看到这类广告后不要急于上门应聘，不妨先通过电话等方式全面打听对方的情况。如果发现其中有不法嫌疑，马上向公安机关举报。

陷阱 3：招聘信息"注水"

小张在网上看到了一则招聘信息，上面写道："聘请客户代表多名，只要身体健康、每天工作 8 小时，即可拿到高薪。"小张经过简单面试就通过了。但是工作之后发现，自己根本不是做客户代表，每天只是不停打电话推销产品，每天工作十几个小时，还经常搬运大件货品。月底的时候发工资，原来约定的 5000 元，但是单位以没有完成业绩为由，仅仅发给小张 2000 元，还以新人培训的理由，扣押 500 元。

提　醒

"注水"招聘虽然隐蔽，但往往有以下破绽：（1）招聘广告过于简单，没有岗位职责和应聘条件；（2）面试极为草率，面试官似乎对你的专业、能力不感兴趣；（3）刚面试完即被告知录用，但劳动合同却迟迟不签，被录用的职位与原先应聘的职位不符，对方还会提出种种不合理要求；（4）双方口头、书面约定的合同中有明显的不公平条款。

第二章　初来乍到，第一印象很重要

　　毕业生踏入职场后，个人形象非常重要，良好的职业形象，会获得同事、上级领导的尊重和重视，会给人留下稳重、责任心强的好印象。

第一节　良好形象自己造

应届毕业生可以通过个人仪容仪表、穿衣打扮两个方面对自己进行职业包装。整洁的仪容仪表给人一种干练、干净的感觉；恰当的穿衣打扮可以让自己摆脱稚气的学生形象，树立良好的职业形象。

一、仪容仪表有三大要求

1. 整洁

每天上班前必须要整理好发型；进行日常的洗漱；过长的指甲要修剪；保持外露皮肤的干净。

在大多数情况下，女同学个人整洁做得比较好，但是男同学要注意：①吃完饭后，尤其是吃了比较浓烈气味的东西，要清洁口腔，使口腔没有异味，衣服上未粘有饭菜；②搬完东西或做了一些体力活，建议擦汗和换洗干净衣服。

2. 自然

在职场上，新人往往都很重视个人的形象，相当在意别人对自己的看法，有时候因为别人的一些话，自己会刻意修饰自己的衣着、说话的方式、行为动态。适当的调整自己的外貌打扮和行为说话没有问题，但是千万不能过头，那么就是矫揉造作了。

3. 端庄

一般建议在办公室穿职业装。如果所在单位没有穿职业装的习惯，男同学穿衬衫和西裤，女同学则不要穿颜色过于艳丽花俏、暴露的衣服，不要化浓妆、喷气味过浓的香水。

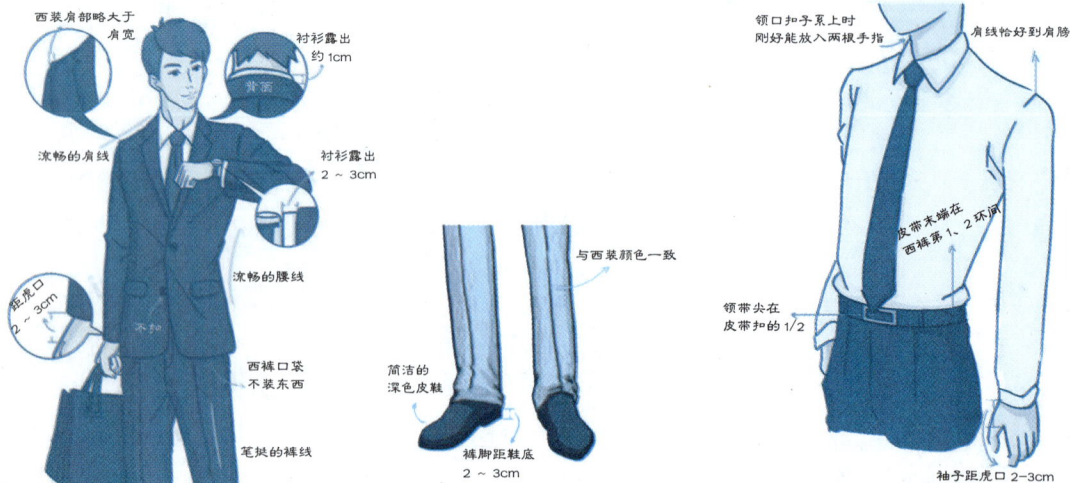

二、个人着装注意事项

1. 和谐原则

和谐原则一方面是指穿着符合所处环境的衣服；另一方面是指衣着和个人的体形相匹配。例如，一个人身着款式庄重的服装前去应聘求职、洽谈工作，说明他郑重其事、渴望成功。

2. 个性原则

由于年龄、性格、职业、文化素养等的不同，每个人自然就会有不同的气质，衣着也呈现出不同特色。个性化衣着注意两个方面：一是不要盲目赶潮流；二是穿出自己的个性，最好就是在什么样的年龄段穿什么样的衣服。

3. 学生着装禁忌

学生着装以整洁、简单、舒适、轻便为原则。切忌穿着脏、乱、露、透、短、紧、艳、繁等。现在衣着打扮的选择空间很大，各种奇装异服频出不穷，作为实习生，我们应该会自主辨别，尊重自己，尊重他人，穿着符合学生身份的衣服。

三、延伸阅读——男士正装的 7 个原则

1. 三色原则

三色原则是指男士身上的色系不应超过 3 种，很接近的色彩视为同一种，这一原则应用于国外经典商务礼仪规范中，国内著名的礼仪专家也遵守这一原则。

2. 三一定律

三一定律是指鞋子、腰带、公文包三处保持一个颜色，黑色最佳。

3. 三大禁忌

三大禁忌是指①西服左袖商标要拆掉；②不能穿尼龙袜，不能穿白色袜；③领带质地选择真丝或羊毛，除非制服配套否则不用一拉得，颜色一般采用深色，短袖衬衫打领带只能是制服短袖衬衫，穿夹克不能打领带。

4. 有领原则

有领原则是指正装必须是有领的，无领的服装，比如 T 恤、运动衫一类不能成为正装。男士正装中的领通常体现为有领衬衫。

5. 纽扣原则

纽扣原则是指绝大部分情况下，正装应当是纽扣式的服装，拉链服装通常不能称为正装，即使某些比较庄重的夹克事实上也不能成为正装。

6. 皮带原则

皮带原则是指男士的长裤必须是系皮带的，通过弹性松紧穿着的运动裤不能成为正装，牛仔裤自然也不算。即便是西裤，如果不系腰带能很合身，那也只能说明这条西裤腰围不适合你。

7. 皮鞋原则

正装离不开皮鞋，运动鞋、布鞋和拖鞋是不能称为正装的。最为经典的正装皮鞋是系带式，不过随着潮流的改变，方便实用的无带皮鞋也逐渐成为主流。

小贴士

领带的打法，随着时代进步不断翻新和增多，这里介绍三种主流方式。

（1）平结是最常见的领结打法之一，几乎适用于各种材质的领带。要诀：领结下方所形成的凹洞需让两边均匀且对称。

（2）交叉结是单色素雅质料且较薄领带适合选用的领结，对于喜欢展现流行感的男士不妨多使用交叉结。

双环结

（3）一条质地细致的领带再搭配上双环结能营造时尚感，适合年轻的上班族选用。该领结的特色就是第一圈会稍露出于第二圈之外，不要刻意盖住。

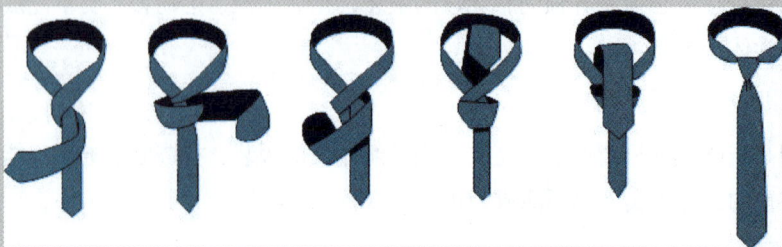

第二节　有礼有序讨人喜

逢人必打招呼，对刚踏入社会的新人，是必不可少的，打招呼也是一门高深的学问。掌握正确地打招呼方式，能够让自己达到良好的沟通效果，否则在错误的场合使用错误的方式，会适得其反。

一、职场打招呼的注意事项

1. 打招呼切忌张冠李戴

记住别人的名字，是职场新人很重要的任务。新人往往容易出现记错名字、忘记名字等现象，别人跟你打招呼的时候，出现各种尴尬，也让别人觉得你不重视他。

2. 打招呼要掌握先后顺序

假如你要和很多人打招呼，千万要记住分清主次顺序，在职场打招呼有明显的上下级层级。一般打招呼的顺序有几种：一是可先从职位高低依次打招呼；二是先向女性打招呼，再向男性打招呼；三是先向年长的员工打招呼，再向年轻的员工打招呼。当然要针对具体情况随机应变。

3. 打招呼要真诚

打招呼需要有真挚的感情，对方讲话时，要仔细倾听，才能做出正确的回应。只听而不回应，让对方唱独角戏，是失礼的应对。

4. 打招呼要面带微笑

面带微笑让人感觉亲切舒服，否则可以想象一下，我们板着脸打招呼，别人的感受会很别扭。

尽可能记住部门每位上司和同事的名字，切忌叫错人。

见到同事要主动问好，不要扮COOL和害羞。

二、错误的打招呼现象

1. 毫不忌讳直视别人打招呼

这种打招呼方式给人的感觉有相当的攻击性，有看轻、试探别人的意思。

2. 打招呼一直不看别人眼睛

一般在和陌生人打招呼的情况下比较常见，会反映出自己害羞、不自信、自卑的情绪。

3. 打招呼故意退后几步

打招呼时故意退后几步，也许自认为这是一种礼貌或是谦让，但别人会认为是有意拒绝人，故意拉开距离。

4. 从不打招呼

有的人从不跟别人打招呼，即使是同学或同事迎面走过来，依然不打招呼，这说明他们具有孤僻症的倾向，而且非常自视清高。

三、趣味阅读——各国打招呼的禁忌

随着社会的发展，各国人民的交往越来越频繁，职场商务礼仪日益成为商贸活动的重要组成部分。下面介绍外国友人打招呼的一些礼节。

1. 美国

若非亲朋好友，美国人一般不会主动与对方亲吻、拥抱。他们在正式场合见面，握手致意；

在非正式场合见面，礼节比较随意，往往以点头、微笑为礼，或者只是向对方"嗨"上一声。

2. 俄罗斯

和初次见面的人一般行握手礼，熟悉的人大多会热情拥抱。

3. 日本

正式社交活动要鞠躬，两手放在膝上，并且频频弯腰（约30度）；日常使用的鞠躬（约15度），两手垂在身旁。

4. 马来西亚

见面时，男子一般是一面举起右手放在胸前，一面深鞠躬；女子一般是先双腿稍微弯曲，然后鞠躬。

5. 韩国

韩国人见面时也行鞠躬礼，不过男人既可鞠躬，又可握手，而妇女一般只鞠躬或点头示意。

6. 东南亚

双手合十礼盛行于印度尼西亚、泰国、柬埔寨、缅甸等东南亚国家。人们见面时，通常把双手手掌对合于胸前，十指并拢，并微微弯腰顿首以此表示敬意。

7. 波兰

在波兰，至今仍盛行吻手礼。波兰妇女喜欢别人尊重她们，希望自己的丈夫和亲朋好友把她们当作贵妇人看待，见面时吻她们的手。吻手时，要由妇女先伸出手来，手背朝上，手略下垂，男子欠身将妇女的手放在嘴边轻轻吻之。

8. 巴西

巴西人在社交场合通常是以拥抱或者接吻作为见面礼仪。贴面礼是巴西妇女之间特有的礼节。行礼时，双方要互贴面颊，同时口里发出表示亲热的亲吻声，但是不可以用嘴唇真正接触对方的面颊。

第三节　"三多"利器要谨记

刚刚进入一个新环境，新人应当"多想、多听、多看"，不要焦急做事，一定要想明白、听重点、看清楚，待定而后动，做正确的事情，如果方向错了，做再多的事情也是无法赢得别人的重视和肯定。

一、刚到职场，我们要想什么

在职场，一位新人要想成功融入团体，在实习期间健康、愉快成长，一定要想清楚以下两件事情。

1. 想清楚自己的角色

简单来说，就是端正自己的心态，一定要清楚知道自己就是一个实习生，所有的事情都是一个学习的过程。难免在开始的时候，单位里的领导、同事只会交代自己做一些简单工作、杂活。千万要理解，这不是单位对自己的不重视，这只是一个熟悉的过程，让你慢慢适应工作节奏。

学会与同事、上司沟通，尽快融入工作氛围。

学会适应，不要抱怨，如伙食不合口味，环境不太好等，避免给人留下不好印象。

在这里要特别提醒：在学校担任过学生会干部、班级干部的同学一定要调整心态，在职场中，千万不要一看到不好的事情或受到委屈的时候反应过于激烈，一定要控制自己的情绪，摆正自己的位置，尊重职场的规矩。

2. 实习期间制订学习计划

很多实习生来到工作岗位，很努力工作，但是在实习期结束以后，往往发现自己做得很多，却没有积累工作经验。因此建议，刚来到职场的一周之后，为自己制订一个学习计划，例如最想学什么，怎样学好，怎样合理安排时间，考取哪些证件。特别提醒，实习期间不能够盲目做工作，每天早上和晚上一定要及时总结，反思自己工作的得与失。

培训的时候要集中精神，好好学习，
记好笔记，好记性不如烂笔头。

虚心学习，向前辈们请教，不懂就问。

二、在职场要听关键内容

在职场，一名善于倾听的员工会深受领导、同事的喜爱。学会倾听是实习生需要不断学习的重要课程。

1. 学会听懂任务的关键内容

领导向新人交代任务，说明很重视新人，新人接到任务后要分析出关键内容，找到完成任务的最佳方案。以下三个方面通常是任务关键内容。

（1）交代任务过程中，领导多次强调、重复的内容。

（2）注意听清楚时间、地点、人物、工作内容。

（3）领导对人物、结果的具体描述。

2. 选择听取内容

善于倾听，不等于什么事情都要去听。很多时候，善于倾听和诸事八卦的界线是一线之差，下面的事情千万不要去听。

（1）各类带有负面情绪的小道消息。

（2）各种诋毁性质的言论。

（3）对某个人的评头品足和窃窃私语。

三、良好的观察能力也是职场生存的重要能力

善于观察的人往往容易觉察一些关键性的东西，细心观察，能够对工作能力提升、人际关系处理有一定的帮助。

1. 需要仔细观察的事情

（1）观察部门最优秀员工的工作方法、工作态度。

（2）观察部门领导喜欢的工作方式、方法、口头禅等。

（3）观察部门同事之间的相处方式、行为习惯、饮食喜好等细节。

2. 不能有意观察的事情

（1）涉及个人隐私的事情、文件、快递等，千万不要越界偷看。

（2）不故意观察同事间的矛盾。

（3）不能有意观察负面的事情，更不要随意进行散播。

四、延伸阅读——不受欢迎的五种新人

（1）不要只顾埋头苦干，无视他人存在。对于新人来说，少说话多干事没错，但8小时上班时间一言不发，自顾自地完成工作，只能让人感觉你是一个不合群、不易接近的人。

（2）不要刚进公司就和大家混得很熟。性格外向的职场新人会把"初入职场要和同事搞好关系"的告诫发挥得淋漓尽致，上班不到一周就和公司半数以上员工称兄道弟。但职场不是宿舍，如果太过热情反而会给人留下不真诚的印象。

（3）不要不屑小事，眼高手低。初入职场时，做什么并不重要，重要的是如何通过细枝末节的小事展现出有别于他人的特有能力。

（4）不要斤斤计较，只做"分内"事。个人发展空间是靠自己创造的，工作的前三年其实是自我探索的阶段，新人应该尽可能地发现自己多样性技能，并从中找到核心技能。所以，做一些"分外"的事情更有助于自己全面发展。

（5）不要横向比较薪水。新人千万不要四处打听别人的薪水，更不要在办公室里谈论薪水问题。其实，自己的薪水是否合理很好评估，只要还不能找到一份比现在收入更高、更喜欢的工作，就证明目前的收入是合理的。

第四节 让"好问好学"成为标签

"不耻下问"是中国传统美德。在职场上，巧妙的提问是自己成长的重要法宝。新人在职场上积极提问有助于留下良好的印象，但是错误的提问时机、地点会造成相反效果。职场提问需要注意以下几个方面的细节。

（1）合适的提问时间。时机选择正确与否，直接关系到这个问题能否给予答复，答复时的态度和答复的满意度。一般情况下，不要在下面几个时间点提问。

① 不能在最忙碌的时间去问，同事没有时间回答。

② 不能在同事心情烦躁时去问，同事没有心情回答。

③ 不能在同事特别想休息时去问，会让同事觉得很烦。

（2）提问的内容要和工作相关。请教别人之前，一定要自己先想清楚这个问题，组织好提问的语言，简明扼要提问，不要让别人花很长的时间理解问题，这样会影响回答的质量。此外，不能够提问与工作无关的问题，尤其是涉及私隐的人际关系类的问题一定不能提问。

（3）提问结束后，要赞美别人，感激别人。在职场上，既是同事关系又是竞争关系，在中国有句老话："教会徒弟、饿死师傅"，因此能够毫无保留回答疑问的同事，一定要心怀感恩之心。说一些既能感恩又能让人感觉真诚的话。例如：为何我就没有想到这样解决？为什么我没有这样去思考？这些话让别人听了舒服，更加愿意指导你。

（4）提问的说话方式一定要谦虚、诚恳。很多职场新人保持着一些学生作风，提问的时候往往容易问到底。在一些情况下，容易让别人感觉咄咄逼人的气势。

（5）作为学生是鼓励怀疑的精神，但是在职场，即使有疑问，也不要当面否定别人的回答，经常否定别人的回答，容易让人感觉是在挑衅，对自己产生不好的感觉。

第三章　文化认同，快速融入新团队

　　职场新人快速融入团队是职业成长初期的最重要的阶段。成功融入团队，有助于个人成长、生活，最重要的是有助于塑造基础的职业素养。本章从职场社交、人际关系、工作圈生活配套、行业规则、工作职责等几个方面进行讨论。

第一节　文体活动必参加

在一个团队里除了通过工作互相了解之外，还可以通过参加部门迎新活动、例会、联谊、培训等活动促进了解、增进感情。

一、参加职业社交活动的重要性

（1）融入团队的重要途径之一。

（2）了解部门成员性格、兴趣、处事方式的有效途径。

（3）有助于树立自己的形象，留下良好的印象。

（4）消除个人矛盾、缓解紧张情绪的方法之一。

二、参加职业社交活动的礼节

1. 职业社交活动三大类型

职业社交活动三大类型：一是私人性质，主要是增进感情；二是部门活动，主要是协调部门工作；三是行业性质，主要是沟通信息。作为职场新人，一般参加私人性质的社交活动和部门活动比较多，本节主要从这两个方面探讨。

（1）参加私人活动主要是看组织者的性质，如果是领导牵头组织，那么作为参与者应该从穿着打扮方面要较为正式一点，但是不建议正装出席。是否准备小礼物，要观察其他同事是否准备，准备的程度和大家一样就行。

（2）参加部门性质的活动则要更为重视一点，一般情况下有部门旅游、户外拓展、职业训练、公司年会等活动。一般情况下记住三个原则，一是守时原则，不能迟到早退；二是正面原则，不能在公开场合对组织者有怨言；三是参与原则，在团体活动要突出个人形象，需要积极参与其中的活动，千万不能随大流、敷衍了事，否则留下不积极、懒散等不好印象。

2. 职业社交沟通 5 大误区

职场社交活动不同于朋友社交活动，这些活动的关注点往往是聚焦在工作上，在沟通过程中，需要以工作为主，其他为辅，让沟通气氛有良好互动的空间。下面五种人的行为会给人留下不好的印象，在日常工作中要尽量避免。

（1）问对方很多问题，却从来不透露自己的信息。

（2）太快向对方透露自己过于隐私的信息。

（3）一天到晚在朋友圈发自拍。

（4）对所有事情都隐藏起自己的情绪。

（5）总是拐弯抹角夸自己。

三、延伸阅读——社交忧虑症

社交忧虑是一种与人交往的时候，觉得不舒服、不自然，紧张甚至恐惧的情绪体验。社交忧虑症患者严重的情形是，每天的各种活动例如走路、购物、社会活动甚至打电话都是对他们很大的挑战。他们不仅与"权威人士"交往困难，与普通人交往也出现障碍。

1. 社交忧虑症的症状包括精神及躯体症状

（1）精神症状包括害怕、恐惧及焦虑。

（2）躯体症状包括心跳加快、出汗、发抖、口吃、脸红、肌肉紧张及恶心、腹泻等症状。

2. 社交忧虑症的自我治疗方法

实习生的社交忧虑症往往只是在实习初期不适应造成的，大部分情况下只要自我调整就可以解决，在积累了一定经验后很多人会成为社交达人。

（1）宣泄疗法。说出自己的紧张情绪，如自己过去曾在某个情景或某个时候受到的心理创伤、不幸遭遇和长期的紧张、焦虑、恐惧心理等，把内心的痛苦情绪尽情地发泄出来。

（2）顺其自然法。当出现强迫思维时，不要去抵抗、克制、强迫自己不去想，而是顺其自然，强迫思维出现了就出现了，不管它，由它去，采取不理、不怕、不对抗的态度，做完就不再想它，不再评价它。经过一段时间的努力来克服由此带来的焦虑情绪，强迫症状会慢慢消除。

第二节　做个有心人

了解团队架构是促进沟通、解决问题、提升能力的重要方法。清楚部门分工和责任，有利于提高沟通的有效性、针对性，找到正确的人解决问题；有利于减少沟通摩擦。

一、了解部门上下级关系的方式

1. 向带班师傅了解

新人刚刚进来，很多单位会临时指派一些老员工指导一到两周，让新人慢慢过渡、熟悉。带班师傅是了解部门人事的最有效办法，新人整理好相关问题，想清楚要提问的问题，就可以咨询。

2. 记住每个部门同事的名字

记住同事的名字，有利于自己在今后工作中，找到合适的人做合适的事。

遇到问题要向上司、同事、家长和班主任寻求帮助，每个星期要向父母、老师报平安。

3. 记住每个人具体负责的工作内容

有一些团队上下级关系不是很明显，个人工作内容的分工往往比较明确，工作内容职责的区别、工作内容的重要性会反映出一个人在部门里面的位置。

4. 留意会议上发言的顺序和发言的时间

一般在会议上领导往往会让自己的"心腹"先发言，或者在会议期间不停地向得力助手提问和交流。当然如果是针对某件事、某个人的批评除外。

二、延伸阅读——与上级领导相处的方法

下面通过一个例子来说明作为一名新人，如何处理好与上级的关系。

小王和小明是来自同一所学校的应届毕业生，一起来到某个物业公司上班，都是技术服务岗位。小王性格随和、交际能力好，但技术水平稍微差一点。小明是技术能力强，沟通能力稍微弱一点。老张作为他们的直属领导，工作严谨，为人比较刻板，但还是很看重他们的成长。工作一段时间之后，他对两位新人有很大的区别。小王有事没事喜欢和老张说话、聊天，聊天的内容不着边际，在部门里面有很好的人缘，不过老张总是很担心他的工作出现问题，不交代重要工作。小明通常很少和老张说话，只在工作上、技术难题上和他说话，很多时候会产生技术分歧，但是很奇怪，老张喜欢把一些工作交给小明。

我们经常以为领导都喜欢沟通能力好、为人友善、圆滑处世的员工，其实这是一个片面的看法。职场关系和其他关系不一样，职场的最终目标是完成工作任务，考查一名员工好不好，还是看工作能力。在技术岗位讲究技术能力而不是沟通能力，所以小明得到更多的机会。此外，不同领导的性格对员工的信任程度是不一样的，假如老张也是善于交际、善于沟通的乐观性格，可能小王和小明的命运就有所不同。

职场上有以下4个方法能让你处理好领导的关系。

（1）听从上级安排，完成上级的任务。是从心理上接受领导的任务和工作安排，切忌口服心不服。

（2）在职场上只有职位高低，没有人格高低，为了讨好某人，而不顾身份，表现出阿谀奉承的行为，是不可能得到别人重视。

（3）当与别人出现矛盾时，要以大局为重，以集体利益为重，千万不要将个人恩怨带到工作中。

就算有矛盾，不能在公共场合争吵。

（4）对待工作必须认真、负责，敢于和领导说出自己的看法，清楚工作的重点，努力把工作做好。

第三节　做个勤快人

由于企业环境比学校环境要复杂，在企业中实习，会面临各种各样的问题，初到企业时要做好充分准备，在清楚企业内部结构和工作内容的同时，还要摸清企业周围的生活配套设施，有助于提高生活质量，保持良好的心态，降低工作以外的因素对实习的干扰。

一、生活五大配套设施一定要清楚

实习生尤其是在企业住宿的学生一定要清楚自己的生活环境，一般情况下与生活紧密联系的有以下五大配套设施。

1. 周边交通

公交车站、地铁、大型客运站、火车站等分布，以及来往交通路线一定要记得。

2. 周边医疗

人难免会有小毛病，周边的医疗设施更加需要了解，药店、诊所、大型医院都要清楚地理位置，基本了解一般的感冒发烧等病在哪里可以得到最快速的治疗。

3. 周边治安

在外工作，治安环境的好坏切实影响自己的权益。必须清楚周边公安、治安点的地理位置和电话，发生治安问题，马上拨打电话求助。此外，周边应急的安置点、灾害庇护所也要了如指掌。

4. 周边银行

了解中国农业银行、中国工商银行、中国银行、中国建设银行等主流银行分布，ATM 机的分布，方便自己存储或提现，尽量在白天人多的时候前往银行办理业务。

5. 衣食住行等配套设施

了解周边的市场、大型超市、体育运动等设施，在周末、假日期间，适当进行户外活动，是有效提高自己在节假日的生活品质，有效降低工作压力，保持一个愉快心情的好办法。

二、延伸阅读——小明的第一周工作实录

小明经过一个月的精心准备和耐心等待，终于被自己心仪的单位录取了。小明的家离单位比较远，选择在单位住宿。由于自己只准备了面试、工作的相关事情，没有做好生活的准备，小明的第一周过得特别不如意。

第一天，早上起床急急忙忙的查看交通路线寻找最佳的上班路线，到公司时间比计划完了 30 分钟。到达公司办理好相关手续，再到公司宿舍安置行李。在宿舍，小明发现自己忘记带被子等生活用品，下班的时候才匆忙赶到附近的超市购买，由于不熟悉环境，花了将近 2 个小时才买好床上用品。晚上 12 点才睡觉。

第二天，小明发现自己的现金已经不多，准备到银行取一点现金，发现周边没有中国工商银行，只有中国农业银行，花了十几块手续费取钱。

第三天，由于昨天工作的时候出了很多汗，没有及时擦干净，感觉有点感冒的征兆，就想到药店买药，发现周边没有药店，临时开手机导航寻找，花了 2 个小时才买到药。

第四天，小明这两天吃饭堂的菜吃得有点腻，就想在外面吃点东西，发现周边的饭店都是快餐，想找个舒服一点的餐馆却找不到，心里有点郁闷。

第五天，下班后小明不回家过周末，计划在企业周边转一转，熟悉一下环境。周末，小明发现附近根本没有像样的体育娱

乐设施，只好回宿舍玩电脑游戏。后来，小明和家里说，这个单位没有想象中好，周围什么都没有，过得不愉快。

作为聪明的读者，大家对小明的这一周有什么看法呢？

第四节　不做办公设备的"菜鸟"

在企业中一定要熟练掌握办公设备，提高自己的工作效率。

在办公室实习，很多时候要负责写文件复印、传真等工作。想要顺利完成这些工作，有以下三方面建议。

（1）Office 软件能熟练掌握，其中 Word、PowerPoint、Excel 三个软件最常用，尤其是文秘专业的同学更需要用好。其他专业例如会计专业也要学会使用相关软件。

（2）传真机是办公常用的设备，要能熟练使用。

（3）复印机是办公室使用频率较高的设备，下面介绍复印机的使用。

① 打开复印机开关预热，一般在面板上或左右两侧黑色开关键。

② 预热灯亮，开始操作，如图 3.1 所示。

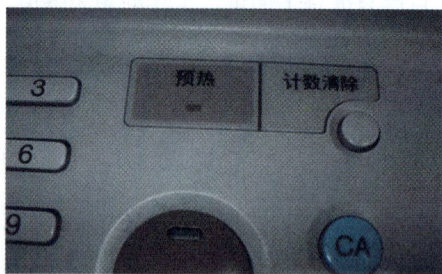

图 3.1

③ 预热后应该查看一下操作面板上的各项显示是否正常。主要包括：可以复印信号显示、纸盒位置显示、复印数量显示为"0"、复印浓度调节显示、纸张尺寸显示，一切显示正常才可进行复印，如图 3.2 所示。

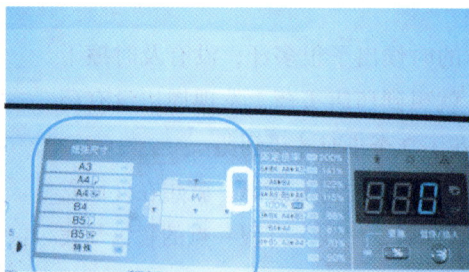

图 3.2

④ 检查是否有足够的纸张，一般复印机有两种方式摆放空白纸张，分别是侧方与正面纸盒摆放，正面纸盒位于复印机的下方。一般默认复印纸张都是 A4 纸。

⑤ 掀开复印机上盖，将要复印的原稿面朝下（见图3.3），对准大小刻度（见图3.4），注意要让原稿平整一点，盖上盖子。复印有顺序的原稿时，应从最后一页开始，这样复印出来的复印文件顺序就是正确的，否则，还需重颠倒一遍。

⑥注意原稿的大小，原稿不应该大于设定好的空白纸张大小（这里默认是A4），否则要分开，按部分来复印。

图3.3　注意需要复印原稿内容朝下

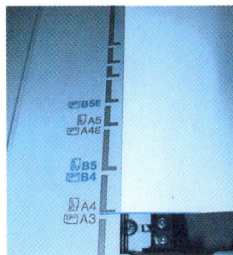

图3.4　原稿对准大小刻度

⑦ 在控制面板设定复印的份数，按下数字键设定复印份数（见图3.5）。若按错了数字可按"C"键，然后重新设定复印份数。如果忘记设定复印份数，显示为"0"（见图3.6），但按下打印后，机器会默认打印一张。

图3.5　设置复印份数

图3.6

⑧ 最后按下复印按键，即可。

第四章　增添正能量，养成沟通好习惯

准确表达自己的意见，聆听别人的语言，进行有效沟通，是每一位职场人员必须具有的职业素质。

第一节 职场沟通"黄金法则"

一、八大沟通法则

1. 应善于运用礼貌语言

礼貌是对他人尊重的情感外露，常用礼貌语言有利于提升自己的专业形象。常用的礼貌语言如下。

① 问候语 如：您好、早上好。

② 欢迎语 如：欢迎您、见到您很高兴。

③ 回敬语 如：非常感谢、让您费心了。

④ 致歉语 如：请原谅、很抱歉。

⑤ 祝贺语 如：工作顺利、祝您好运。

⑥ 道别语 如：再见、走好。

⑦ 请托语 如：拜托、劳驾。

⑧ 初次见面 如：幸会。

⑨ 请人解答 如：请问。

⑩ 看望别人 如：拜访。

⑪ 赞人见解 如：高见。

⑫ 等候别人 如：恭候。

⑬ 请人勿送 如：留步。

⑭ 麻烦别人 如：打扰。

⑮ 好久不见 如：久违。

⑯ 客人来到 如：光临。

⑰ 中途先走 如：失陪。

⑱ 请人指教 如：请教。

⑲ 与人分别 如：告辞。

2. 请不要忘记谈话目的

谈话的目的不外乎有以下几点：劝告对方改正某种缺点；向对方请教某个问题；要求对方完成某项任务；了解对方对工作的意见；熟悉对方的心理特点等。为此，应防止离开谈话目的东拉西扯。

3. 要耐心地倾听谈话，并表示出兴趣

谈话时，应善于运用自己的姿态、表情、插语和感叹词。诸如：微微的一笑，赞同的点头等，都会使谈话更加融洽。切忌左顾右盼、心不在焉，或不时地看手表，伸懒腰等厌烦的表示。

4. 应善于反映对方的感受

如果谈话的对方，为某事特别忧愁、烦恼时，就应该首先以体谅的心情说："我理解你的心情，要是我，我也会这样。"这样的话，会使对方感到你对他的感情是尊重的，才能形成一种同情和信任的气氛，从而，使你的劝告也容易奏效。

5. 应戒先入为主

在沟通中，不要带着自己主观的情绪判断别人说话是否正确，应该要在客观、平等的角度聆听别人说话。

6. 要切忌得理训人

在职场中，作为一名新人应该谦虚学习，千万不要得理不饶人，不要抱有什么事情都是自己对的，别人都错的心态。

7. 要消除迎合心理

在谈话过程中，始终要坚持自己的谈话底线和道德底线，不要为了讨好一个人就一味去迎合。这样别人认为你会没有底线，不可相信。

8. 说话口气切忌有威胁语气

实际谈话中，职场新人有时候会害怕别人拒绝，往往会搬出上级领导来压迫别人接受。例如："领导说要你做……""领导说，你这个做得不好，要……"等说辞，久而久之，同事间的关系会越来越疏远。

二、拓展阅读——应善于观察对方的眼睛

在非语言的交流行为中，眼睛起着重要作用，眼睛是心灵的窗户，眼睛最能表达思想感情，

反映人们的心理变化。高兴时，眼睛炯炯有神；悲伤时，目光呆滞；注意时，目不转睛；吃惊时，目瞪口呆；男女相爱，目送秋波；强人作恶，目露凶光。也就是说，人的眼睛很难做假，人的一切心理活动都会通过眼睛表露出来。为此，谈话者可以通过眼睛的细微变化，来了解和掌握人的心理状态和变化。如果谈话对方用眼睛注视着你，一般地说是对你重视、关注的表示；如果看都不看你一眼，则表示一种轻蔑；如果斜视，则表示一种不友好的感情；如果怒目而视则表示一种仇视心理；如果是说了谎话而心虚，则往往避开你的目光。

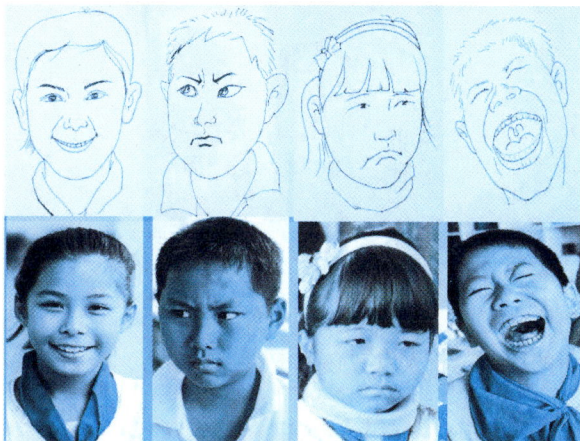

喜　　　怒　　　哀　　　乐

第二节　谨慎发言，一字千金

刚来到新环境，新人面临各种会议的考验，如何在不同的会议中崭露头角，为自己加分，是提升职业素养的重要环节。

一、为什么要新人发言

新人没有任何经验，他的发言并不具备很大的参考意见，为什么领导老是喜欢让他们发言呢，这里总结了一些经验。

1. 迎新

很多领导喜欢在会议上让新人做一个简单的自我介绍，告知其他部门来了新人，让大家多帮忙。

2. 表决心

会议上在领导布置完任务后，会询问新人："你觉得怎么样啊。"其实就是询问新人有没有信心完成任务，这时候新人只要适当表决心就好。

3. 了解情况

在会议期间，领导经常会问新人最近工作怎样，做什么任务。其实是想了解工作情况。

4. 了解问题

有时候领导会在会议上问新人觉得这些工作有什么困难？就是询问需要什么帮助，委婉说出来需要什么支持就行。

5. 批评或赞扬某人或某事

有时候领导会问："你觉得这样安排工作合适吗？""你觉得 XXXX 工作怎么样？"领导想对一些人或事情进行表扬或批评，这时候就仔细思考才可以回答。

二、会议发言小技巧

职场是一个等级分明的场所，新人发言必须掌握一些技巧，否则容易引起别人的误会产生不愉快的结果。

1. 做好发言准备

一般每个会议都会事前通知，只需要对自己工作相关的范围内做一些准备，概括工作重点，就比较有底气应对了。

2. 发言注意身份

一般在职场中有三个身份，一是代表部门；二是代表自己的岗位；三才是代表自己。在发言的过程中，兼顾团队形象，慎重考虑自己的话语，维护团队的利益。

3. 发言不要越界

发言的主题是围绕自己的工作内容，职责权限。不要说与自己工作无关的内容，或者说超过自己工作权限的事情。

4. 要随机应变

有时候领导在你发言的过程中会打断你的发言，向你提问或者表示质疑。这时候自己要学会判断，想清楚领导的意图，再回答问题。

三、拓展阅读——会议潜规则

1. 请让手机安静沉睡

进入会议室将手机调成振动，尤其有重要客户在场的时候，应格外注意，这是最基本的礼貌，甚至关乎到一次谈判的成功与否。

2. 笔记本和笔是必备品

这是向大家亮出的一种态度，表明对此事的认真对待。同时，有助于记录重要信息，提醒自己。

3. 积极参与互动，表达自己的观点

会议中，很多新人自信心不足，不敢轻意提出自己的想法，这是非常错误的。由于是新人，有犯错的资本，即便观点很幼稚甚至漏洞百出，但表达出来，大家才能了解到错误在哪里，帮助找到正确的方向。如果沉默不语，大多数人会认为你没有思考，即使内心已经否定了你的第100个创意。

第三节 对上级注意尺度

有效与上级领导沟通，有利于建立良好的上下级关系，有利于新人获得上级支持快速融入团队，也有利于完成工作任务。

一、掌握好沟通的尺度

1. 懂尊重

和上级沟通时，要注意用语，让领导感受到被尊重，他的意见会被仔细考虑。

2. 懂规矩

一是要服从管理，这是对管理者的尊重；二是尊重公司的制度和企业文化。

3. 懂业务

如果想在企业中得到重视，工作能力是关键，要不断学习，提高自身的业务能力。

4. 懂得工作关键点

对领导交待的工作要认真思考，及时与领导沟通，这样可以与领导达到默契，更好地完成工作。

5. 会向领导提意见

如果遭遇领导错误的指示，应该用领导可以接受的方式去沟通，而不应该用藐视的姿态、清高的做派去嘲笑领导的无知。

二、掌握基本沟通技巧

1. 沟通过程要积极

沟通中表现出自己完成任务的决心和乐观情绪，让别人听得舒服。不要抱怨、人身攻击、指责他人。冷静地坚持做到对事不对人。

2. 沟通开头语要做好

可以采用谦逊的语句开场，例如"我有点想法特别想和您聊聊。这对我挺重要的，我特别想把工作做好，但是没有您的帮助，这实现起来就非常困难。您现在方便吗？"

3. 先谈事实，不做结论

不要先下结论，例如你想请假，你可以这样说："领导我已经加班 6 天了。比别人还多 3 天。这段时间我感觉自己的工作效率在下降，想请假 1 天调整，你看看这样合适不？"

4. 给对方表达的机会

一定记住给对方说话的机会，千万不要只有自己说话，不让领导说话，否则会让人感觉不懂礼貌。

5. 形成共识

沟通之后一定要知道领导想要的结果，自己得到什么资源，要从哪些方面做好工作。不明白的地方，建议多沟通，只有大家都接受，才是有效沟通。

6. 真诚感谢，加强关系

通过沟通，无论领导是否帮你解决实际工作问题我们还是要表达感谢，同时还要表现出今后要多加沟通的愿望。

三、拓展阅读——学会倾听

谁是最珍贵的小金人

很久以前，古埃及一个国王为了考验他的大臣们，让人打造了三个一模一样的小金人，非常漂亮。上朝的时候，国王对群臣说："这三个小金人只有些许的不同，大家不能用秤，看看这三个小金人哪个最有价值。"大臣们围过来，左看右看，上看下看，每个小金人都金碧辉煌，难以分辨。最后，有一位马上就要退位的老大臣说他有办法，只见他胸有成竹地拿来三根稻草，先插入第一个小金人的耳朵里，稻草从另一边耳朵出来了。然后轮到第二个小金人，稻草从嘴巴里直接掉出来。而第三个小金人，稻草从耳朵放进去后，就掉进了肚子里，什么响动也没有，也不见从什么地方出来。老臣说："第三个金人最有价值！"国王赞许地点了点头。

这个故事告诉了我们倾听是一种很珍贵的品质，在人际交往中倾听是最佳的技巧。同样的三个小金人却存在着不同的价值，第三个小金人之所以被认为是最有价值也因为在于其能倾听。其实，人也同样，最有价值的人，不一定是最能说会道的人。善于倾听，消化在心，这才是一个有价值的人具有的最基本的素质。

第四节　对同事包容大度

同事之间要相处融洽，多沟通多交流，良好的沟通可以让工作得心应手，遇到问题及时地沟通，可以很好地解决。

一、同事之间沟通小技巧

1. 常微笑和对方有眼神交流

和同事相处，如果对他们正在热烈讨论的话题感觉无话可说，那么你要学会微笑倾听。和对方说话时，一定要有眼神交流。

2. 涉及是非和矛盾，能避开则避开

部门里面常常会有人说是非，我们千万不要好奇，参与进去，防止祸从口出。如果碰见激烈争吵，最好静观其变，不要盲目参与，发表不客观的意见。

3. 关注周围的新闻和大家都关心的事情

把近期的新闻作为话题，是一个很好的选择，周围发生的、大家比较关注的事情，比如房价、交通等可以作为话题。如果身边的女同事比较多，也可以谈化妆、时装、娱乐新闻、孩子等相关内容。

4. 欣赏别人的话题

在职场中，想要和同事愉快相处，自己首先要抱着积极融入大家的想法，不能够先入为主觉得别人的话题无聊，一直不参与，这样会让人觉得你清高难相处。

5. 面对不同年龄层的人聊不同的话题

年轻的同事可以畅谈旅游、美食、娱乐等内容，和年长的

同事则可以聊房价、交通、新闻等内容。

6. 抱着请教的心态和别人交流

和年长的同事聊天，要有一种请教的姿态，表现出你希望听到他的建议和教诲，会让别人觉得你有教养。

7. 千万别聊同事的隐私

同事之间在一起天南海北都可以聊，但是不要涉及隐私，即使是同事自己告诉你，在发表意见的时候也要三思而后行。

8. 同事间聊天时 要注意倾听

多倾听对方意见，重视对方意见，这是一种很重要的沟通技巧。

二、同事沟通四大禁忌话题

1. 政治

政治是一个很敏感的话题，关于国家、政府、执法机构等的相关消息和说法都是不宜出现在办公室里的内容。尤其当你身处外企之中，工作同伴可能来自美国、法国、墨西哥、俄罗斯、日本等不同的国家，谈论政治也许会让彼此的立场很尴尬。

2. 家庭矛盾

当你在与同事或者上司谈论家庭中的烦恼时，他们很可能会就此怀疑你是否会因为这些事情耽误了工作。谈论家庭问题会暴露你的弱点。

3. 工作矛盾

在办公室难免碰到摩擦，经常在办公室说三道四，会让别人觉得你斤斤计较，难以担负重任。

4. 离职意愿

在办公室里谈职业抱负，或者如何渴望去个大公司，肯定会让同事和上司对你的忠诚产生怀疑。

三、延伸阅读——如何成为职场说话高手

在职场学会说话能让自己在职场中游刃有余，少走很多弯路。反之，如果不会说话，或者说错了话，会给自己和公司带来很大的麻烦。在职场有些话是千万不能说。

1. 不要说不确定的话

把"好像""有人会……""大概""或者""说不定"之类的话挂在嘴边。一是会让客户认为你的专业性不强、对专业不了解，让人缺少信任感。二是让上司和同事觉得你没有把心思放在工作上，做事马虎。

2. 不要说推卸责任的话

职场新人当没有很好地完成工作任务时，首先要勇于承担责任，不能推卸责任，其次要寻找解决办法。

3. 千万不能说气话

有些新人性格比较急躁，说话往往是没有经过深思熟虑，经常说话情绪化，让人觉得思想幼稚。

4.　不要说畏难的话

面对难以应付的工作应该努力寻找处理途径，而不是畏缩不做。

5.　不要总夸赞自己工作效率高

面对工作任务，和大家一起努力工作，不要总感觉自己效率高，而指责同事效率低，造成团队不团结，影响完成质量。

6.　不要只认识本部门的人

没有人是一座孤岛，务必了解公司各部门的人员职责以及与自己团队的关系。

7.　不要一成不变，固步自封

对自己从事的事情没有太多想法，总是按一成不变的程序进行没有任何创新，工作上不会有更大进步。

8.　勤于学习，精练技能

要保持强烈的求知欲，加强学习，多研究技能，让自己的知识永远不过时。

第五节　戒惧、戒推，大胆接受任务

新人在接受任务时必须要注意一些事项，忽略细节会直接影响完成任务的效果。

一、接受任务的三大步骤

接受任务后，首先要明确任务的目标，按照为什么做、做什么、怎么做三个步骤分析任务。

1.　为什么做

接受任务时，第一步要了解任务目标，确认需求，尽可能地与上级沟通清楚为什么做这件事情。因为不同的工作任务具有不同的标准，需要询问清楚。

2.　做什么

在清楚为什么做这项工作之后，第二步需要明确做什么、做到什么程度。

3.　怎样做

在清楚做什么工作之后，仔细规划、认真思考，制订任务实施方案。

二、接受任务注意事项

1.　礼貌应答

当上级谈论工作任务时要礼貌应答，仔细倾听。

2.　记录工作任务的关键事项

用笔记本快速记录下上级反复强调的内容；描述工作结果

的内容；和任务相关的时间、地点等信息。这些信息用来核对任务成效。

3. 正确理解任务意图

当谈新工作任务时，不清楚的地方一定要问，但是不能用反问语气；而且要在工作任务布置完毕后才开始提问。

三、拓展阅读——如何清晰记录任务

俗话说："好记性不如烂笔头！"在接受口头传达任务的过程中，需要做好两个工作：一是清楚任务的目标；二是清楚任务实施细节。由于记录的过程也是交谈的过程，要求记录的速度快、内容准确、条理清晰，常见方法是 3H 和 6W 方法。

（1）3H 方法是指从怎样办、多少数量和费用如何三方面分析任务，清楚记录。

（2）6W 方法，是指从什么事（What）、什么时候（When）、在哪里（Where）、对象是谁（Who）、什么目的（Why）、哪些选择（Which）六个方面记录整理工作任务。

（3）汇报工作的方法。

①从积极的角度反映问题。

②从行动的角度解决问题。

③从技术的角度分析问题。

[小案例]

有一天公司系统出现问题，领导很焦急，问技术部门的同事，看看 A 和 B 同学怎样回答？

领导："系统问题是什么问题？"

A："系统就是出现了问题，这个系统很破的。"

B："经过初步排查，估计是系统比较旧，一些关键的地方要维护升级，但是还能使用。"

领导："那能不能解决？"

A："系统问题要上级公司解决才行，我们没有办法。"

B："我们正在解决一些已经发现的问题，不过有上级公司帮助最好。"

领导："很好，尽快解决！"

两个月之后，A 和 B 同学转正，但是 B 同学工资比 A 同学高出不少。

请问，如果你是领导，你对谁的回答满意？如果你面对了同样的问题，你会怎样处理？

第六节　有时也要学会说"不"

在企业中会遇到各种各样的事情，作为新人应该虚心向前辈学习，勇于挑重担，肯吃苦，这样工作会有很大进行，但有些事情，也要勇敢说不，这也是提高工作效率的重要途径。

一、哪些情况要说"不"

（1）严重违法、违纪、违背公司制度规定，要坚决说"不"。

有权拒绝执行　违章操作

（2）违背做人的道德底线，有损做人尊严和人格，要坚决说"不"。

（3）超出自己工作权限的，也要说"不"。
（4）多次反复遇到不公平对待，要巧妙说"不"。

（5）有损个人职业生涯和个人前途的，也要说"不"。

二、学会说"不"的技巧

（1）拒绝别人时态度要友好和热情。这样会让对方感觉到舒服，不会怀恨在心。例如拒绝聚会。"真的太好了！非常感谢你的邀请，但是上一周已经答应别人晚上聚餐，我感到非常可惜！"

（2）拒绝别人要抱有同情心。别人来求助，一般是他自己处在十分紧迫的环境，因此需要先对别人的处境表示理解和同情。然后从能力不足、时间有限等理由来拒绝比较合适。

（3）巧妙转移法。如果不好正面拒绝对方的请求，那就应该采取迂回的战术了，比如，转移话题。如果有人叫你去整理文件，你可以这样说，"领导之前交代过要做预算，不知道你做了没有？"这样一来，对方就会明白你是拒绝的意思。

（4）拖字诀。这里指的是让别人给你时间思考，通过缓冲期，让对方先自己解决，或找其他人解决，巧妙拒绝别人。如果已经答应了，就要守信，努力完成。

三、拓展阅读——应酬中有礼貌拒酒

酒桌上的氛围总是喝酒容易拒酒难，想要拒绝本身就是一件难事。拒酒时要让劝酒的人觉得你不是故意不给面子或者不让其他人觉得你在故意扫大家的兴，是一件不容易的事。下面介绍几种行之有效又自然大方的拒酒方式。

1. 态度诚恳，少喝酒

小明和同事一起去唱歌，有几个同事很喜欢喝酒，频频向小明劝酒，小明无可奈何干了3杯。后来发现自己不胜酒力，他就是笑眯眯地频频举杯而不饮，而且振振有词，"大家这么熟，我们意思意思！"""你看我喝得满脸红光，实在托你之福。"这种"态度诚恳，好话说尽"的拒酒术能让对方理解，并接受。

2. 坦白求"从宽"

在一些非正式场合的应酬，自己可以坦白自己不会喝酒或者有不能喝酒的理由，拒酒时，若能突出事实，申明实际情况，表明自己的苦衷，再配上得体的语言，那就能取得劝酒者的谅解。

3. 夸大后果，争取谅解

如："感谢你对我的一片盛情，我原本只有1杯的酒量，今天因喝得格外高兴，多贪了几杯，再喝就'不对劲'了，还望你能体谅。"这种实实在在地说明后果和隐患的拒酒术，只要劝酒者明白"过犹不及"的道理，善解人意者，就会理解并接受。

第五章　塑造阳光心态，避免职场争端

　　刚进入职场，新人都会遇到职场争端，有受到委屈、有争吵种种情况，有的人选择忍气吞声；有的人选择激烈反抗；有的人巧妙处理。无论如何，争端发生后总会影响同事间关系，所以要事先预防。

第一节　语言是一把双刃剑

有调查显示，一半的职场争端源于说话不当。三思而后行是预防职场争端的最好方式。

一、新人语言误区

1. QQ、微信语言使用不当

现在 QQ、微信等聊天工具运用广泛，是人们常用的沟通方式，但要注意不能说话随意、散漫，尤其沟通工作时候，更不能乱发表情符号。

2. 讲笑话注意尺度

笑话可以调剂紧张气氛，但是也要分场合和情况，在会议、业务洽谈、培训过程中，不适宜讲笑话。

3. 不正确表达自己的情绪

与同事、主管谈话中难免会有不同意见和看法，遇到这种情况要学会克制，不要过于激动，或出口伤人，冷静地处理问题，有礼有节表达自己观点是赢得认可和尊重的有效方式。

4. 习惯性沉默

在大部分情况下，保持低调是新人立足职场的好办法，但在讨论工作时，大家都积极想办法出主意时，要勇于说出自己想法，为自己争取良好的发展机会。

二、拓展阅读——管理自己的情绪

秀才与棺材

有两个秀才一起赶考，路遇一支出殡的队伍。看到一口黑乎乎的棺材。秀才甲心里立即"咯噔"一下，凉了半截，心想：完了，真是晦气，赶考的日子竟然碰到这个倒霉的棺材。于是，他的情绪一落千丈。走进考场，那个"黑乎乎的棺材"一直挥之不去。结果文思枯竭，果然名落孙山。而秀才乙同时也看到了棺材，开始也"咯噔"了一下，但转念一想：棺材不就是有"官"和"财"吗？好，好兆头，看来我要红运当头了，定能高中。于是，他心里很兴奋，情绪高涨，走进考场，果然一举高中。为什么同样看到棺材，却产生完全不同的情绪与行为表现，导致不同的结果呢？其实重要的不是棺材本身，而是他们对"棺材"的不同看法，影响到了他们的情绪，进而影响到了行为的结果。所以，生活中决定我们情绪好坏的不是事物本身，而是我们的想法和看法。有什么样的想法，就会有什么样的情绪。所以要有好的情绪，必须去除不合理信念。

第二节 控制情绪，退一步海阔天空

一个成功的职业人士，都具备高超的情商，能出色管理好自己的情绪。本节主要从管理好职场负面情绪和提升情绪管理水平，帮助新人成功适应职场节奏。

一、职场中普遍存在的负面情绪

下面介绍处理每一种负面情绪的方法。

1. 沮丧、生气

沮丧这种情绪常常出现在陷入某种困境时，或是无法继续前进时等情况。处理沮丧情绪的建议如下。

（1）停下来并且进行评估。问问自己为什么会感到沮丧。将它写下来，而且要写得具体，然后思考一件在现行处境下可以做的正面的事情。

（2）寻找在此情境下正面的事情。用正面积极的态度思考这个问题，有利于自己避免钻牛角尖的困境，得到不同的答案。

（3）回忆最近一次感觉沮丧的事情，告诉自己上一次能够解决问题，这一次也一定能够解决问题。

2. 担心、紧张

这是新人最常见的负面情绪，在自我介绍、接受任务、第一次见客等情况都会出现紧张情绪。建议如下。

（1）尝试深呼吸练习。这样做可以让呼吸和心率慢下来。慢慢地用 5 秒时间吸入空气，然后再用 5 秒时间慢慢地吐气。

（2）做好充分准备工作。事先尽力准备好各项工作，让自己先有了解。

（3）把自己的担心写入日志，并且想清楚应对的方法，如果遇到问题，会有心理准备，及时做出决定。

不紧张，我是最棒的！

3. 愤怒、恼怒

失控的愤怒是最具破坏力的情绪，愤怒时往往会失去理智，做一些事情，说一些话，造成不好的结果。

我没惹你，别砸我了！

（1）愤怒时适时停下来冷静。开始感觉生气愤怒时，就把手头的事情停下来，闭上您的双眼，然后开始进行深呼吸练习，这样做会打断生气愤怒的思绪，回到更加积极的方向上。

（2）描绘自己愤怒时的样子。想象一下生气时候的样子和行为，自己就会站在对方角度看待这种情境。例如，愤怒地吼叫同事，想象一下自己的表情。脸是红的吗？正挥舞着手臂吗？自己愿意和那样的人一起工作吗？很有可能答案是否定的吧。

4. 讨厌

有时候会与自己脾气合不来的同事一起工作，这里提供一些相处建议。

（1）要会尊重对方。自己要礼貌待人，尊重同事，从自我改善开始。

（2）要充满自信。如果对方的表现非常粗鲁，那么自己可以态度坚定地向其说明不接受对方对待的方式，并且平静地离开那个场景。

5. 失望、不开心

这里介绍一些积极的方法可以帮助处理好失望与不开心的情绪。

（1）转换心态。所有事情不可能永远如己所愿，正是因为有了这些跌宕起伏才使得人生变得格外精彩。

（2）调整目标。如果对自己没有实现目标而感到失望，那并非意味着这个目标是无法实现的，可以对目标做一些变化，比如把实现的期限往后延一下。

（3）将想法记录下来。把不开心的事情记录下来，找出什么原因让自己不开心，积极寻找解决问题的方法。

（4）微笑。保持微笑有利于自己走出不开心的影响，给人带来正面影响。

二、拓展阅读——提升情绪管理水平

1. 宽广心胸

一个人具有宽广的心胸才不会对事情斤斤计较，这两件事有助于扩展心胸：一是树立远大目标，提升自己的眼界，就不会花太多时间在小问题上纠结；二是多参加户外活动，增进自己的见闻。

2. 提升抗压能力

给自己设定阶段性目标，完成有挑战性的任务，通过循序渐进的形式，提高自己的工作能力，能力提升了，抗压能力也会随之提升。

3. 同理心

人与人合作沟通的时候会认为：他怎么能这样呢？怎么不考虑我的困难呢？于是情绪越来越激动。其实如果多从对方的角度和立场考虑问题，会发现很多时候对方不是故意为难自己和与自己作对，而是有他的考量和存在的现实问题。所以如果能多用同理心去理解彼此，加深了解，很多合作就会更顺利、更和谐。

4. 适当宣泄情绪

宣泄要选择恰当的方式，可以找朋友聊天、做适当的运动、看书、听音乐、购物、品尝美食等形式。不能借酒精、毒品、打斗等事情宣泄情绪，对自己和他人造成伤害。

5. 缓和情绪

缓和情绪有很多方法，例如，吃一些甜品如糖，医学证明吃甜的东西能使人安静；听听轻音乐；在情绪激动想脱口而出之前，强迫自己先默念从 1 到 10，然后再说话，那个时候，语气会平和许多，情绪也得到控制。

三、办公室伸展操

在办公室坐久了，人的负面情绪自然而然增加，为了舒缓身体关节，放松心情，下面介绍两组伸展操。

1. 办公室伸展操

簡單 6 步驟 辦公室伸展操

清头

低头族必备
头分别向前
后左右轻轻
下压（勿旋
转）

背部

僵直背必备

头与手臂
自然平行

胸腹

驼背者必备

身体靠椅伸懒腰
双手向上举高
让肌肉伸展开来

腰部

硬筋骨必备
面对桌面
下半身旋转

腿部

高跟 OL 必备
伸直单脚
脚尖朝上
向内弯

前臂

滑鼠手必备
将手掌往内扳
掌心向内和
向外各做一次

2. 肩部放松操

（1） （2） （3） （4） （5）

（6） （7） （8） （9） （10）

第三节　吃亏是福，切忌斤斤计较

初入职场的学生，难免会遇到一些不顺心的事情，例如总觉得自己吃亏；总觉得自己受到很多委屈。本节将探讨如何直面"吃亏"这个话题。

一、职场"吃亏""受委屈"在所难免

新人刚刚来到企业工作需要从基础工作做起，虽然工作枯燥乏味，但是也是对自己能力的锻炼。

1. 天天打杂

初到公司的新人工作往往是送文件、管理办公用品、复印文件等事情，很多人觉得这是大材小用，其实通过这些简单工作可以展示自己的办事能力，为有机会承担重要工作打下基础。

2. 指导不足

新人入职后，如果没有单独老师教授具体事务，建议自己做一个学习计划，针对自己想学习的业务，请教相关的人员，学习相关流程，自己主动学习。

3. 领导无差别批评

新人几经艰难完成一项工作任务，领导觉得不满意就批评自己，完全不考虑自己只是刚刚来上班。这种情况不是一种坏事，受到批评后，自己分析原因，找到好的解决办法，督促自己不断学习，提升技能。

4. 得不到赞扬

很多时候新人和同事共同完成任务，由于自己的成绩没有得到认可而沮丧。这时候要冷静分析原因，找到与同事的差距，自己会进步更大。

二、面对吃亏的不好行为

1. 忍气吞声

面对小事，可以采取"忍一忍风平浪静，退一步海阔天空"的态度，只不过关乎到职业前景、

发展前途等原则性问题，要坦诚和领导沟通，否则会导致自己的机会越来越少。

2. 选择冷战

千万不要因为做了很多杂活就采取冷战行为，对领导、同事不闻不问，这样只会让自己脱离集体，解决问题的方法是沟通，可以找部门领导说明自己想法，表现出有能力做更复杂的事情。

3. 极力辩解

当遇到不公正的指责时，可以采取有礼有节的辩解，说明自己的情况，如果自己确实犯错，要主动承认错误，及时改正，而不要极力辩解，逃避责任。

面对批评要冷静思考，从批评中获得启发：发掘有效改进工作的建议；审视自身存在的缺点和不足。

适当拉下面子，主动解释或者道歉

三、拓展阅读——自我管理的有效方法

1. 勤于钻研业务技能

在企业中所做工作涉及多方面知识，学校所学知识很有限，因此工作后仍要不断学习，提高实际工作技能。

2. 做好工作规划，按时完成任务

接到工作后，首先要制订合理的计划，安排好各个阶段的时间，在预定的时间内完成任务，不借放拖延，如果进展非常顺利，提前完成更说明自己技能的提升。

3. 勿在工作中干与工作不相关的事情

在工作时间内避免干工作之外的事情，认真仔细工作，如果干其他工作会降低工作效率，还很容易出错。

第四节　矛盾的处理方法

在职场发生矛盾，千万不能自乱阵脚，也不能盲目埋怨，必须找到正确的方法化解矛盾，巩固自己的人际关系。

一、矛盾发生以后不当的处理方式

1. 问题合理化

当遇到问题的时候，试图找一些似是而非的理由，来掩饰自己的过错，以逃避所要承担的责任。

2. 处处反抗

当别人指出缺点或短处时，会立即出现内心抵触、反抗，甚至表明不愿沟通的行为。

3. 攻击他人

当感受到话语有所威胁性的时候，会自然反射性地攻击对方人。

4. 否定一切

拒绝接受的态度，完全否认他人的提醒或指导的内容。

二、发生矛盾后，善于自我调整

1. 把握尊重原则

即使发生矛盾，还是要尊重他人人格，守住个人道德底线，不能够全盘否定别人，认为对方就是坏人，要树立"对事不对人"的工作作风。

2. 不要斤斤计较

人与人相处过程中，由于双方的教育背景、成长环境、能力不同，对待问题的看法也不同，产生一点小摩擦相当正常，不能够把这些小事情放在心上耿耿于怀。

3. 少发表个人观点

发生矛盾后，要降低个人的攻击性，要听取别人的意见，聆听别人的提醒，审视自身。

三、缓解矛盾的方法

1. 冷静分析

一般冲突发生后，不宜当场进行长时间争论。如果经长时间的争论，会变成不是针对问题本身的讨论而是一种情绪上的对抗，双方都会变得急躁不安，不利于问题的处理。

2. 找到根源

当冲突发生时，需要冷静地坐下来找到问题的根源。一个问题如果没有找到根源，盲目地去处理，可能只会解决其中的一小部分，还有很多深层次的问题遗留下来，为后面埋下后遗症。

自己反省有没有做错，为什么闹矛盾。

3. 请求协调

很多时候发生了冲突，自己去调解的效果不好，这时，就需要请求第三方协调处理，这样可以用更加客观公正的视角来处理冲突。发生冲突的双方当事人，经过调解也容易接受与取得良好的效果。

4. 真诚和解

任何问题的和解需要彻底的解决，要解决问题就需要拿出诚意来，不能说为了解决问题还有什么保留和不能说的，只有双方完全了解对方误会或冲突的深层次原因，才能取得更好的结果。

下班找个机会一起吃饭，缓解矛盾。

第五节　换位思考，宽容待人

在职场中，学会换位思考，从上司的角度去思考，我们能做出更好的工作业绩；从同事的角度去思考，我们能让办公室关系更和谐；从客户的角度去思考，我们能够提供更好的服务。

一、换位思考的方法

1. 要有一个宽广的胸怀

当与别人合作时出现了漏洞，使得工作难以开展，如果不解决就会影响工作效率。面对问题，如果选择争吵不休，固执己见，问题不能解决。相反换位思考，理解别人这么做的原因，互相为对方着想，控制好自己的情绪，放下追究这件事的责任，以解决问题为中心，双方一起努力将问题解决掉，弥补损失，这才是解决问题之道，才能促使双方统一起来。

2. 要学会理解他人

"横看成岭侧成峰，远近高低各不同"，物理上的方位不同，看到同一事物的结果也会大相径庭，更何况思维上的不同角度。对待同一件事情，每个人都有自己的想法，所以遇到不同问题，要充分沟通。

3. 要有大局意识

当自己认为被错误批评的时候，不要贸然反驳，而要冷静思考，要树立大局意识，多从对方角度想问题，主动诚恳地接受批评，也要有自我批评的勇气。与人发生矛盾时，不要总把目光盯在他人身上找原因，也要从自己身上查找问题。

明天会更好！！

二、要宽容待人

1. 欣赏他人的优点

在与同事相处的过程中，要用欣赏的眼光看待别人的优点。这样有助于改变自己内心的想法，消除偏激的或是不利的想法，去战胜自己心中的邪念，也有利于给别人一个工作上的支持，使其精神上更加饱满。

2. 学会尊重差异

在与同事的交往中，也许会感觉别人总存在这方面或那方面的不足或差距。可能会嫌同事行动不利、语言啰嗦、性格不好、不懂得装扮自己、打扮得太过浓重等。如果单纯地只站在自己的立场上考虑问题，势必会给自己增加许多烦恼，以自己的标准去衡量他人，那么永远不可能实现和谐。若能站在对方的立场上了解他为何这样去做、去说，就不难理解对方。

3. 不可强人所难

强人所难往往容易对别人造成一定的伤害，令同事关系紧张。孔子曾说过：己所不欲，勿施于人。这就是做人的道理，也就是说设身处地为别人着想，发自内心地对待别人，多为别人想一想。

4. 真诚相待，将心比心

工作当中，同事之间的真诚尤其重要。真诚是相互的，只有尊重别人，别人才会尊重自己。要想获得更多人的信赖和理解，得到更多的支持，就要真诚对待同事，这样不仅可使彼此之间有个良好的关系氛围，还会令双方的心情更加愉快。

三、拓展阅读——换位思考的思维练习

换一个立场的思维方式练习。

（1）换位思考第一步：如果我是他，我需要……

（2）换位思考第二步：如果我是他，我不希望……

（3）换位思考第三步：如果我是他，我的做法是……

（4）换位思考第四步：我是在他期望的方式下对待她吗？

故事分享

甲乙两个和尚一起值更。甲和尚感到脚上有东西爬，用手一抚，被蝎子蜇了，疼痛难忍之际，他马上端来蜡烛照明，捉住了那只蝎子。乙和尚就连声阿弥陀佛，非常冷静地说："出家人慈悲为怀，放它一条生路吧。再说了，它也是误会了，以为你要伤害它呢？才出自自卫而为之……"

经过乙和尚一番劝说开导之后，甲和尚就打消了惩罚蝎子的念头，随手将它放了。

3 天之后的又一个晚上，甲乙两个和尚又一起值更时，乙和尚刚往蒲墩上一坐，哎呀一声站起来，他的屁股也被蝎子蜇了。没等甲和尚端来蜡烛，乙和尚就气急败坏地朝蒲墩上乱踩一番。待烛光映亮蒲墩时，那只蝎子已经被踩得稀巴烂了。

当甲和尚口念阿弥陀佛未及说话时，乙和尚就气愤地说："那天它蜇你，我为它讲情，救了它的性命，它居然恩将仇报，又把我蜇了，这个没良心的，确实该死……"

提　示

当伤害和痛苦发生在别人身上时，旁观者往往体会不到受伤害受痛苦的滋味，常常表现得漠不关心，甚至表现出奉劝和说教的高姿态。一旦轮到自己身上，就不一样了。为什么相互间不换位思考一下。

第六节　案例分析

美国知名主持人林可莱特一天访问一个小朋友，问他："你长大后想要做什么？"小朋友天真的回答："我要当飞机的驾驶员！"主持人接着问："如果有一天，你的飞机在太平洋上空所有的引擎都熄灭了，你会怎么办？"小朋友想了想："我会先告诉坐在飞机上的人绑好安全带，然后挂上我的降落伞跳出去。"现场的观众笑得东倒西歪时，林可莱特继续注视这个孩子，想看他是不是自作聪明的家伙，没想到，接着孩子的两只眼含着眼泪，这才使林可莱特发觉这个孩子的悲伤之情非笔墨能形容。于是林克莱特问她说："你为什么要这么做？"小孩子的答案透露出一个孩子真挚的想法："我要去拿燃料，我还要回来。"

这个故事告诉人们，在听别人说话时候，不一定听懂别人的意思。如果真的不懂，那就要有耐心听别人把话说完，这就是听的艺术，这也提醒我们：听话不要听一半，不要把自己的意思强加到别人说的话里面去。换位思考赢得人脉，换位思考需要用心，下面是几点换位思考的建议。

（1）尊重的心。员工之间应该互相尊重，始终把对方和自己放在一个平等的位置，即便你在企业的职位很高，也要把尊重别人放在首位。在工作中，当其他人因为一个事情和你发生冲突的时候，先要尊重他们说话的权力，让他们把话说完，真正听懂他们的意思，再做反馈。通过尊重他人，为人脉资源的建立奠定基础。

（2）协作的心。职场当中，每个人都不是一座孤岛，每个人都要和其他人发生千丝万缕的联系，因此，需要用协作的心态对待其他人的请求和抱怨，帮助他们处理问题，通过与人协作逐渐增加人脉。

（3）服务的心。服务是每个人都要做的事情，当一个人因为某件事情找到你的时候，要用服务的心态去对待他们，关心他们的需求，理解他们的真实目的，然后通过自己高质量的工作满足他们。通过服务，实现自己价值的增值，丰富人脉资源。

（4）赞赏的心。英国心理学家威廉姆斯说，当一个人被赞赏的时候，内心会受到极大的鼓励。因此，要学会赞赏别人，学会看到别人的长处，并能把自己的感受用具体的语言描述出来，让对方感受到你的真诚。通过赞赏，使他人获得鼓舞。

（5）分享的心。分享是最好的学习态度，也是最好的企业文化氛围。职场人士在工作当中不断地分享知识、分享经验、分享目标、分享一切值得分享的东西。通过分享，提升自己的价值。

第六章　点滴积累，养成工作好习惯

　　每个人的职业生涯漫长而复杂，但是每个人的机会一生中可能就只有仅仅几个，机会是留给有准备的人，养成良好的职业习惯，是个人职业成长的重要课程。

第一节　让"日记"成为好帮手

"静坐常思己过，闲谈莫论人非"。在职场上，工作机会要靠自己把握，如果只是抱怨领导不给机会，同事不配合自己，把所有的问题归咎其他人，没有从自己出发，思考自己的不足和缺点，会导致自己没有准确定位，离成功越来越远。

一、每天做总结

1. 总结工作完成情况

一是总结工作完成的质量、完成了多少，这是最重要的事情，如果没有完成，要制订完成计划尽快做完；二是总结完成任务的工作方法；三是总结自己在完成任务过程中的得与失。

高效，今日的事情今日完成。

2. 反省自身行为习惯

一是反省自己有没有做破坏职业形象的行为；二是反省自己有没有人际关系冲突。

自省，每日检讨自己的工作。

3. 为新任务做计划

一是思考明天的任务是什么，怎么做，怎么做好；二是分解具体任务，制订任务完成进度计划；三是思考任务的重点难点，需要哪些帮助，这些帮助从什么地方获取。

二、阶段性反省，准确定位

1. 自己能担任什么角色

随着自己不断融入团队，参与团队工作程度加深，自己的能力得到锻炼。但是要思考一个问题，在团队中自己是担任领导者、追随者、执行者、协调者、决策者或者只是简单的参与者。如果角色与自身定位有较大距离，自己要修正，找到改变自己的方法。

2. 人脉关系如何

在职场有人脉关系是一大利器。要反思现在的人脉积累有多少，自己在困难时，能运用的人脉有多少。怎样才能完善自己的人脉网络。

3. 反省自己学习到什么

实习阶段最重要的工作是锻炼能力和积累经验，要反思自己究竟掌握哪些能力。

三、反思什么样的员工才是好员工

1. 听指挥

听从领导的安排，服从上级任务安排，和公司发展意图思想同步，认同企业文化。

2. 执行

能够把任务转化为直接行动，把预期设想转化成任务结果，有很强的行动力。

3. 有思想

一个只会听命令说，按指示做的员工是合格员工，但不是优秀员工。优秀员工以大局为重，在恰当的时候提出想法和建议，并有实现这种构想的能力。

四、拓展阅读——你是怀才不遇的千里马吗?

一个年轻人在生活中处处不顺心，在单位里干了几年也得不到提拔，看不到发展前途，便认为自己怀才不遇，因此到处发牢骚。一天，他在河边散步时遇到一位老者，便走上前去问："像我这么有能力的人，怎么总是遇不到伯乐呢？"老者听完笑了笑，从脚下的沙滩上捡起一粒沙子，对年轻人说："看清楚这颗沙粒了吗？"然后又顺手把这粒沙子扔到了沙滩上，"去把这颗沙粒捡回来，我就告诉你答案。"年轻人找了半天没有找到，不解地说："这怎么可能呢，沙滩上的沙子都一模一样，我怎么可能把那颗沙粒找到呢？"于是，老者又从身上拿出一颗珍珠，顺手把它扔到沙滩上，对年轻人说："把这颗珍珠捡回来，我就告诉你答案。"年轻人很容易地就把珍珠捡了回来，还给老者，高兴地说："这下可以告诉我答案了吧。"老者笑了笑，对年轻人语重心长地说："为什么你找不到那颗沙粒，却能找到这颗珍珠呢？"年轻人想了想，猛然顿悟，头也不回地跑回家，从此拿起书本认真学习，在工作岗位中努力工作，希望有朝一日做出成绩，得到别人赏识。

启 示

其实大多数人就像是沙滩上众多沙粒中的一粒沙，极其普通，没有什么不同，所以终究不会被他人发现。有时候往往是自己自视过高、自我膨胀，没被发现和重用的原因是因为能力还达不到别人要求的标准。

但很多人并没有认识到这个事实，反而认为自己怀才不遇，到处发牢骚、吐苦水。那些自认为怀才不遇的人，非常有必要在怨尤和愤怒之前先反省一下：自己真的具备与众不同的能力吗？如果答案是否定的，那就别浪费时间，在遇到表现机会之前，先练好"内功"，勤奋工作、务实求实。

第二节 职场"六大习惯"

如果养成了好的习惯，将会受用终身；要是养成了坏习惯，则会导致自己碌碌无为。下面介绍职场中 6 大良好习惯。

一、注重条理，井然有序

（1）培养良好习惯，把精力集中到一个焦点上，处理事务要分清轻重缓急，一定要进退有据。

（2）养成使用"日常备忘录"的习惯，这样不会忘记做重要事情。

（3）保持办公桌的整洁有序，时刻清点自己的办公用具，保持最好的工作状态。

（4）提升自己的工作目标，要不断追求更高目标，不能够满足于现在的状况，要不断为自己提出新要求，锻炼自己的能力。

二、大处着眼，小处着手

（1）伟大源于平凡的积累。用心观察工作的细节，用心倾听别人的意见，克服眼高手低的缺点，追求"细节决定成败"的工作态度。

（2）在细微之处下工夫。有专研精神，愿意在细节上面下苦工，千万不要随大流，要记得，勿以恶小而为之，勿以善小而不为，因为差之毫厘谬以千里。

三、劳逸结合，健康工作

（1）学会驾驭自己的工作情绪。好心情让工作事半功倍，懂得开心工作的人，才是真正快乐的人。

（2）学会劳逸结合。适当的休息比加班更重要，再忙也要享受片刻轻松。身体是本钱，不做工作狂。

四、精打细算，勤俭节约

（1）节约一分钱，创造两份利。为企业节约其实就是为自己谋利，减少不必要的公物使用，节俭办公，毫厘必争，花最少的钱，办最多的事。

1 分钱要当成 8 分用！

（2）善用互联网，省时效率高，调动创新智慧，注重节省开支。

五、管理时间，提高效率

（1）做一个准时的员工，不迟到、早退。

我只迟到、缺勤两次，怎么称得上严重呢？规章制度上也没写"迟到两次就解除合同"啊……

（2）报告要简约而不简单，有条理、有重点汇报。

（3）工作计划提前准备，每分钟都不要虚度，做正确的事比正确地做事更重要。

（4）把时间用在最有"生产力"的地方，不要把今天的事情留到明天做。

六、勇于负责，敢于承担

（1）养成对工作负责的习惯，不找任何借口，关上自己身后的那扇门，不要为自己留退路，做事瞻前顾后。

（2）责任胜于能力，责任提升能力，善于从错误中学习、成长。

（3）借口不是推卸责任的挡箭牌，只为成功找方法，不为失败找借口。

第三节　树立"工匠精神"，精益求精

作为职场新人，在实习过程中完成重要的任务就是锻炼自己的能力，磨练自己的心智，全面提升自己的职业素养。工作中要追求卓越，树立精益求精的工作态度，用流行的话来说，就是有"匠心精神"。

一、"匠心精神"的职场作用

（1）为自己树立工作标杆。在中作中不断鞭策自己；在困难中不放弃；简单来说，就是专注自己的工作，追求更好。

（2）磨练自己的技艺。匠心精神讲究的是长时间坚持自己的领域，完善细节，不断创新，不满足于现状。

（3）保持清醒的头脑。在现代职场中，我们选择的机会有很多，假如遇事不坚持，总喜欢投机取巧，是难以获得持久的成功。而匠心精神却让我们对事情保持一份清醒，知道该做的、不该做的事情。

二、工作中如何精益求精

（1）追求卓越，拒绝平庸。在工作中对自己要"狠"，不能够满足于现状，尤其是不能"随大流"，要追求工作完美。

（2）狠抓细节，不能放过漏网之鱼。在工作中须谨记"勿以恶小而为之，勿以善小而不为"，千万不能够对小地方视而不见，影响工作的质量往往在细节。

（3）做事要懂"舍得"。作为新人很多事情往往是身不由己，每天必须要完成一定任务，千万要记住，工作有轻重缓急之分，一定把精力放在最重要、最紧迫的事情上。

三、案例分享——一个马桶蕴含的"匠心精神"

截至2012年，在寿命超过200年的企业中，日本有3146家，为全球最多。为什么这些长寿的企业会扎堆出现在日本这个小小的岛国呢？在日本对工匠精神的理解：是一门手艺，是一种品质，是一份专注，是一份严谨，更是一种态度。很多企业主、工匠们都立足于将自己的产品做到极致。在千万次反复操作、反复锤炼后，铸造出"日本出品，必属精品"的品牌。

第四节　职场好书和职场电影推介

书籍，是人类进步的阶梯，是学习的重要源泉。刚踏入职场，适应新的环境，可以从一些书籍、影视剧获得参考。

一、职场新人必读五大书籍

（1）《天下没有怀才不遇这回事》，书中揭晓世界上最有创意与影响力的华人设计师及成功创业家——包益民的包氏成功学。他创建了"包式集团"，成功足迹遍及全球，创办了台湾史上最火爆的设计生活杂志《PPAPER》上市之初就风靡海内外，被圈内外誉为"台湾的创意教父"；他卖创意与设计给全球 Nike、Johnnie Walker。

（2）《金领手记》这是一本金领自己写自己的小品文集，作者是美国通用电气中国公司公关传播总监。商务人士的生活，职场生存的秘诀，这些听来严肃的主题在作者笔下变成"成功必有怪癖""老板为什么不生病""商务人士为什么都白头发""你会不会雇漂亮的女秘书"这样轻松诙谐的故事，也带着对职场、对人生的体验和思考，让人读来时会意而笑。

（3）《机会只爱有准备的大脑》讲述有些人的职场人生总是顺风顺水，总有好运相随。怨天尤人、自怨自艾的人却很少能够真正守得云开见月明，因为他们在潜意识里就否定了自己成功的可能性。不要抱怨自己时运不济，不要抱怨自己智力不足；不要再过浑浑噩噩的生活，不要再当同事和上司眼中的"没头脑"和"不高兴"。建议经常愤愤不平的同学认真阅读。

（4）《成长：从校园到职场》从认识自我写起，用极具亲和力的语言讲述了青年人如何加强性格修养、提高自身素质、适应从校园到职场的转变。书中既有作者少年时代的经历，又有多年职场奋斗的感悟，作者将其娓娓道来，帮助年轻读者在纷繁的社会浪潮中迈向更成熟、更成功的人生。

（5）《99% 的新人，没用心做好的 50 件事》从方方面面为大家介绍了 50 个职场要点，将陪伴整个职场生涯，做职场的指南针。改变工作态度，改变工作方法，将会看到不一样的世界！建议新人要仔细研读。

二、新人必看职场励志电影

（1）《当幸福来敲门》，讲述一名单亲父亲，在推销员岗位上的兢兢业业，历尽千辛万苦踏足一个陌生的领域，通过不懈努力获得成功的案例。案例真实将推销人员的酸甜苦辣娓娓道来。

（2）《天使艾米丽》讲述一名餐厅服务员通过微笑建立良好的人际关系，成功的让自己摆脱职场新人形象，适应新环境，能勇敢面对排斥与冷落，在职场中收获成功。

（3）《杜拉拉升职记》讲述一名女白领的职场点滴和成长经历，尤其是在中国国情背景下将办公室文化和习惯深刻剖析，适合职场新人细细品读。

第七章　开阔眼界，正确使用互联网

随着互联网技术的快速发展，不仅改变着办公的形式，而且深刻影响着人与人之间的沟通，运用各种社交平台沟通成为一股无法阻挡的潮流，作为职场新人更要学习高效运用互联网工具沟通。

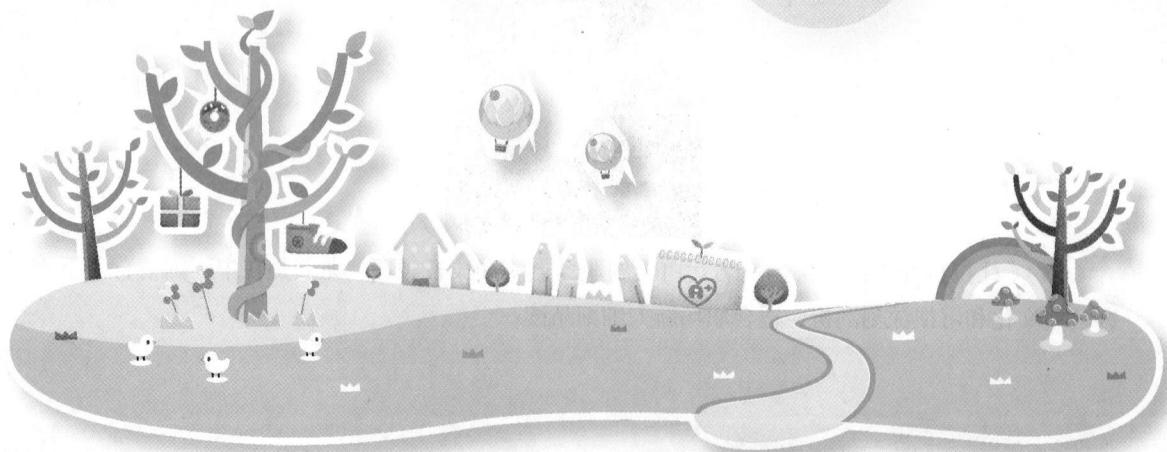

第一节 微信、QQ 展现良好形象

在职场，有一定规模的单位都会建立自己的内部系统，一般称为 OA 系统，此外微信、QQ 等通信工具也是职场沟通的常用平台，职场新人要利用这些平台，为自己的工作服务。

一、使用网络工具沟通要选择恰当的时机

（1）正式工作报告之前。很多时候新人在正式工作汇报之前，建议把自己的总结用邮件 /QQ 等形式让领导先过目，让领导先指示。

（2）难以用口头表达的事项，可以通过文字来表达。

（3）知识推荐和信息传递。

（4）在出差、外出等情况也建议使用网络沟通。

二、发办公邮件的技巧

（1）主题明确，重点突出。一封邮件最重要的是把事情说清楚，重点讲明白，不能记流水账，让别人看不出重点。

（2）发送对象明确。邮件有群发功能，我们要认真想清楚要发给哪个人，是不是要抄送给领导。

（3）注意行文语气和身份等级。一定要记住外发邮件要记住自己的身份和收件人的身份，不能对上级和客户态度不尊重，对待同级行文随意。

（4）尽可能避免拼写错误和错别字，这是对别人的尊重，也是自己态度的体现。在邮件发送之前，务必自己仔细阅读一遍，检查行文是否通顺，拼写是否有错误。

（5）合理利用图片、表格等形式来辅助阐述。对于很多带有技术介绍或讨论性质的邮件，单纯以文字形式很难描述清楚。如果配合图表加以阐述，收件人一定会表扬你的体贴。

（6）署名得体。署名是尊重对方也是尊重自己、宣传自己的方式，而且最好事先设置好签名档，附上自己所有方便的联络方式，一劳永逸。

三、职场微信使用雷区

（1）滥用微信沟通。职场沟通有明确的等级，沟通的内容有一定的保密性。微信恰恰具有打破等级的功能，例如：A某人与B某人聊到某爆炸话题，B随手截屏，并发送给C某人，C兴奋扩散。这样会造成泄密。

（2）滥用语音通信，为了贪图方便经常使用语音来交接工作、汇报工作。在职场有些情况可以使用语音，但是绝大部分情况使用语音有几个弊端，一是容易泄露公司信息；二是不是所有场合都可以听语音；三是难以表现自己工作的严谨性和专业性。

（3）转载或发表立场过于明显的观点和话题。转载一些非常情绪化、立场过于鲜明乃至偏激的网上文章，属于明显的站队行为，其观点要么得到支持，要么被人在心里默默拉黑。

（4）频繁转载恶俗、幼稚的信息。朋友圈如果太过非主流，怨天尤人，暗示自己情伤难愈，需要关怀，次数多了，会给人以不够成熟的感觉，对职场形象颇为不利。

（5）习惯性滥用个性化表情。不是每个上级和客户都会真心欣赏这些个性表情，因此说话时要注意使用。

（6）和同事、合作方、客户交浅言深。双方处于上下级或者任务强弱等对差关系，还需要考虑对方对于交谈内容和任务的接受时间、方便程度、反馈情况，不能因为微信是新的交流工具就当成网聊玩具而目无尊长。

第二节　在互联网中实现自我增值

一个人的进步离不开学习，在职场也是如此。新人可以通过向领导同事学习，通过技能再培训提升自己，随着互联网的进步，网络学习也成为一种常态。

一、网络学习的优势

（1）跳出身份意识的束缚，是网络学习最大的优势，可以问任何问题，哪怕是常识性的问题或者是幼稚的问题，也不需要装作精通所有事情的专家。目标是学习和思考，而不是权威。

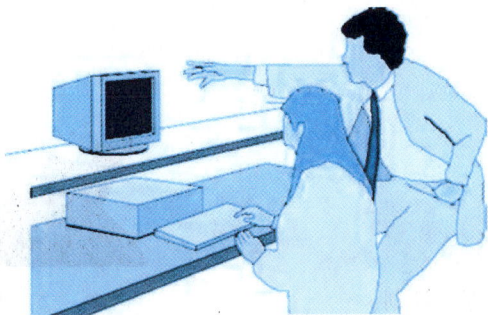

（2）突破时空的约束，与世界各地的具有同样兴趣的专业人士进行对话，对话即是人与人相互了解的过程和建立人际网络的过程，同样也是学习的过程，是建立内部知识网络的过程。

（3）知识容易获得，网络平台包罗万象，一个问题可以获得数以百计的答案。

二、网络学习的劣势

（1）网络沟通不如面对面沟通亲切，传递的信息有限，不能深入学习研究。

（2）学习使用网络、善用网络和计算机需要一个过程，具有一定的技术门槛。

（3）网络资源无限丰富，无限链接，筛选成本高，且容易让用户迷失方向和自我。

（4）网络的信息具有一定的不安全性，因为信息接收者身份不明，可能会滥用和盗用。

三、如何有效展开网络学习

（1）明确学习目标

网络的信息应有尽有，一定要记住自己的学习初衷，学习的过程要专注于自己的领域和专业，不适宜在太多领域分心，导致学习效果不佳。

（2）学习中不偏离方向

对意志力还不够坚定的人来说，网络学习确实是一个极大的挑战。据调查，很多人都曾有过这样的经历：本想查资料学习，却忍不住聊聊天，玩玩游戏，不知不觉大把的时间就溜走了。结果娱乐成了主题，学习成了点缀，甚至后来还变成了自己心安理得上网的幌子。

（3）学习要学会制订合理的计划

要想更好地运用网络这个资源进行学习，建议制订一个合理的学习计划。比如今天要上网，想看的内容是什么，要解答的问题是什么，在学习过程中按照计划完成。

（4）选择恰当的平台

线上教育发展迅速，新人可以选择在线教育，也可以选择网络＋软件学习，既可以在空余的时间学习，又可以安排固定的时间学习。

（5）辨别非法、无证、宣传虚假的网络学习平台

① 号称考试包过，只缴费，不上课轻松拿证的机构，一定要检查营业执照。

② 虚假宣传，为了招生，对外宣传虚假的信息，欺骗学习者。

③ 交钱不能退费。非法培训机构未经过成本核算，无物价部门核准的收费许可，肆意要价，一旦要求退费，他们以诸多理由拒绝。

第三节　金睛火眼，明辨网络陷阱

随着网络的发展，上网已成为人们生活中不可或缺的一部分，但它给人们带来方便的同时，也给不法分子实施"网络诈骗"提供了可乘之机。以下介绍的是近期网络上常出现的八类诈骗手段。

一、盗取 QQ 号进行诈骗

骗子使用黑客程序破解用户密码，然后张冠李戴冒名顶替向事主的 QQ 好友或亲戚借钱，如果对方没有识别，很容易上当。更有甚者通过盗取图像的方式用"视频"与当事人聊天，更能使当事人受骗上当，此类诈骗数额往往巨大，少则几千元，多则上万元，有的更大。

二、利用网络游戏交易进行诈骗

网络游戏诈骗一般有以下三种形式。

第一种是犯罪分子利用某款网络游戏，进行游戏币及装备的买卖，在骗取玩家信任后，让玩家通过线下银行汇款的方式，得到钱款后即食言，不予交易；第二种是在游戏论坛上发表提供代练，得到玩家提供的汇款及游戏账号后，代练一两天后连同账号一起侵吞；第三种是在交易账号时，虽提供了比较详细的资料，玩家交易结束玩了几天后，账号就被盗了过去，造成经济损失。

三、利用网络购物进行诈骗

在互联网上因购买商品而发生的诈骗案件，其表现形式有以下五种。

（1）多次汇款：骗子以未收到货款或提出要汇款到一定数目方能将以前款项退还等各种理由迫使事主多次汇款。

（2）假链接、假网页：骗子为事主提供虚假链接或网页，交易往往显示不成功，让事主多次往里汇钱。

（3）拒绝安全支付法：骗子以种种理由拒绝使用网站的第三方安全支付工具，比如谎称"我自己的账户最近出现故障，不能用安全支付收款"或"不使用支付宝，因为要收手续费，可以再给你算便宜一些"等。

（4）收取订金骗钱法：骗子要求事主先付一定数额的订金或保证金，然后才发货。然后就会利用事主急于拿到货物的迫切心理以种种看似合理的理由，诱使事主追加订金。

（5）以次充好：用假冒、劣质、低廉的山寨产品冒充名牌商品，事主收货后连呼上当，叫苦不堪。

四、利用网上中奖进行诈骗

犯罪分子利用传播软件随意向互联网 QQ 用户、微信用户、邮箱用户、网络游戏用户、淘宝用户、微博用户等发布中奖提示信息，当事主按照指定的"电话"或"网页"进行咨询查证时，犯罪分子以中奖缴税等各种理由让事主一次次汇款，直到失去联系事主才发觉被骗。

五、利用"网络钓鱼"进行诈骗

"网络钓鱼"是指利用欺骗性的电子邮件和伪造的互联网站进行诈骗活动，获得受骗者财务信息进而窃取资金。作案手法有以下三种。

（1）发送电子邮件，以虚假信息引诱用户中圈套。不法分子大量发送欺诈性电子邮件，邮件多以中奖、顾问、对账等内容引诱用户在邮件中填入金融账号和密码。

（2）不法分子通过设立假冒银行网站，当用户输入错误网址后，就会被引入这个假冒网站。一旦用户输入账号、密码，这些信息就有可能被犯罪分子窃取，账户里的存款可能被冒领。此外，犯罪分子通过发送含木马病毒邮件等方式，把病毒程序插入计算机内，一旦客户用这种"中毒"的计算机登录网上银行，其账号和密码也可能被不法分子所窃取，造成资金损失。

（3）诈骗分子在网上以极低的价格公布某商品信息，当有人购买时，便称第一次购买只能给极少的一定数量的商品，一次购买成功后才能成为商家的 VIP 客户，这样以后才能大量购买，一些人第一次买商品转手卖出后，确实赚了一点钱，第二次便要求大量购买，此时商家就谎称这样大宗的买卖需要先交付一定的押金，押金收到后，又讲需要缴税……如此反复，就是不发货，发觉上当时，已经损失惨重。

六、利用网络订购机票、火车票进行诈骗

这种诈骗多发生寒暑假期间，忙碌了一个学习阶段的学生们开始放缓奔忙的脚步。与此同时，骗子却瞄准了假期前学生疲于学习、忙于考试、准备回家的"思维疲软期"，利用网络订票诈骗。校园里，随处可见寒、暑假网络火车票、机票预订等小广告。面对寒、暑假期间"一票难求"的现状，许多同学倾向于通过网络订购车票、机票，但是许多同学轻信网站要求先付款后送

票的交易请求，把钱汇出或转账后却往往收不到票，有的收到票也为假票居多，此时方知上当受骗。

七、针对毕业生就业、在校生兼职的诈骗

由于网络经济的发展与成熟，越来越多的毕业生选择在网上投递简历，大部分企业单位也更愿意先从网上进行初期的人才筛选工作，一些网络骗子正是看准了这个机会，对求职心切、社会经验不足的大学毕业生进行诈骗。他们多半冒充某国际或国内著名企业，自称是某助理或某主管，给学生们打电话时，先进行一番摸底后，要求电话面试，然后以各种理由，让应聘者交纳手续费、押金等；或是套取求职者信息，向其亲属实施诈骗。一些网上的招聘广告中，所谓"收入可观、轻松、兼职、可支配时间、可带回家"等大多是诱饵，引人上钩。以快递费、培训费、押金、服装费、中介费、考试费等名义收钱的，大多都是骗子。对此，请同学们时刻牢记一点：凡是要银行卡账号和密码的，基本都是骗子。

八、针对各种资格、等级考试的网络诈骗

随着学生就业形势的日趋严峻，同学们对于自身要求也不断提高，马不停蹄的参加各种各样的等级、资格考试，希望借此来提升自己的含金量和就业竞争力，诸如：英语四、六级、小语种等级考试、托福、雅思、计算机考级、会计师、司法考试、人力资源师、秘书证、导游证……"考证热"急剧升温。针对部分高校学生贪图便宜、急于求成的心里，骗子在网络上制作诸如：提供各种考试信息、考试资料、预测考题、考试答案的诈骗网站，作案手法有些类似于网络购物的流程，骗取学生钱财。

第四节　案例分析

90后的小杜今年6月入职广州天河一家公司作为业务类文员。从入职以来，部门男领导就要

求加她的微信，说有工作安排需要在微信群里面通知。小杜为保护自己隐私，一直不愿意通过领导认证，并坚持工作的事情就在公司处理，微信是私人的，她不愿意把工作带到生活中。不料8月初，公司人力资源部以不配合领导工作为由，辞退了小杜。理由是男领导反映其不肯通过微信验证，无法安排工作。小杜的遭遇在朋友圈马上引起围观。

小A认为："男领导"也太任性了，有些小题大做，估计是觉得小杜不尊重他，不给他面子。即使企业流行利用微信安排布置工作，但是毕竟同不同意添加领导为好友，是个人自由，不能因为这个而炒人家鱿鱼，既然下属不喜欢使用微信开展工作，可以换另一种方式，只要工作顺利开展，方式无所谓，领导应该多为下属着想。

KK有不同的看法，"人在江湖漂，还得把腰弯，现在的企业都领导都会加员工的微信，像我们公司，还要求要用自己的微信号为公司宣传，转发公司的好人好事，宏伟蓝图，为了生活，没有办法，还得用自己的微信为公司宣传。"为了工作，又不想影响私人生活，可以重新申请一个微信号用于工作，没有必要得罪领导，同意加微信也是尊重领导的一种形式。

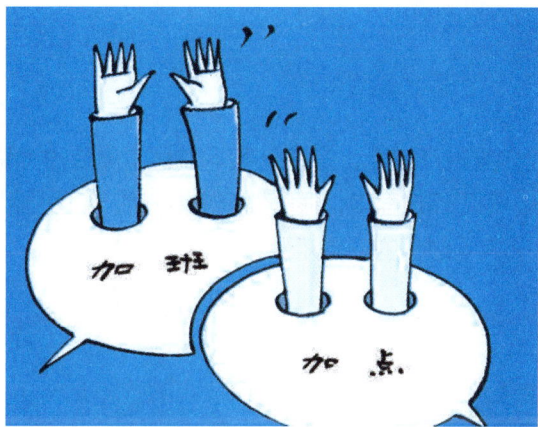

案例分析，加不加微信，其实都有自己的理由。从理想的方面想：一是建立良好的人际关系，促进沟通；二是微信有一定的办公功能，有利于信息的传达。从消极的方面想，一是私生活暴露；二是不能随意抱怨；三是感觉生活被工作绑架了。

建议如下。

（1）工作和生活分开，建立两个微信号，一个生活圈、一个是工作圈。

（2）好友进行分组，每次发朋友圈时选择分组发送。这样你就能选择性地让上司看到你的朋友圈了。

（3）如果是随意的朋友圈，那么要注意以下几个方面。

①不符合国家政策、法规的内容和图片不能发。

②过分低级庸俗的内容和图片不能发。

③不能咒人：不可强制别人转发你的作品，比如：转了将走大运、发大财，不转将会如何，这是微信交流中的大忌。

④不能泄露他人隐私：不能随意发表未经他（她）人同意，带有个人隐私性质的内容和图片，这涉及人权和肖像权，也是基本素养。

第八章　生命宝贵，时刻铭记安全

　　确保自己人身财产安全，是在外实习过程中需要时刻铭记在心的重要事情。在工作过程中，很多地方需要打醒十二分精神，下面共同学习在外实习过程的安全知识。

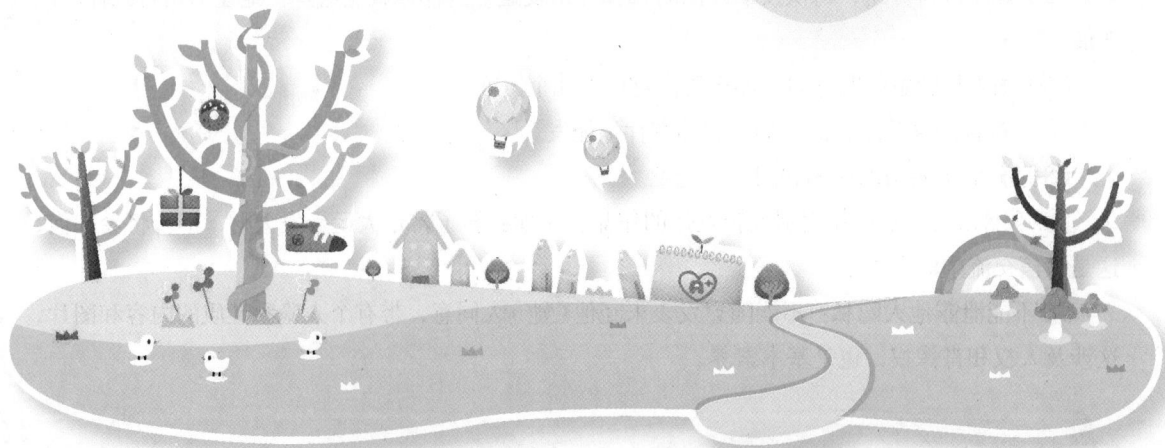

第一节　人身财产安全

　　实习单位如果提供住宿，建议在单位住宿，如果单位在家附近就和父母住，本节主要讲述自己在外租房的安全。

1. 防盗

　　（1）离开要锁门，不要怕麻烦，要养成随手关、锁门的习惯。

　　（2）不能随便留宿不知底细的人。

　　（3）对形迹可疑的陌生人应提高警惕。

　　（4）注意保管好自己的钥匙，不要随便借给他人。

　　（5）检查租住房门、窗、锁完好及防护能力。

　　（6）对所租住的地区的环境、秩序、人员结构基本了解。

2. 防范性侵犯

　　（1）租房的位置离学校越近越好，这样既便于往返，又便于在出现意外时及时得到学校的帮助。

（2）尽量不与互不熟悉的人合租，尤其是不熟悉的异性合租，最好是同学合租。

（3）休息的时候关好门窗，检查好室内防护。

（4）尽量不要让自己不熟悉的人进入自己的房间。

（5）女生独自外出，穿着不要过于时髦、暴露。

3. 防抢

外出时不要携带过多的现金和贵重物品，特别是必须经过抢劫抢夺案易发地段时，若因购物需要必须携带大量现金或贵重物品，应请同学随行。现金或贵重物品最好贴身携带，不要置于手提包或挎包内，不外露或向人炫耀贵重物品，应将现金、贵重品藏于隐蔽处。

尽量不要在夜深人静时单独外出，特别是女同学；不要在僻静、黑暗处行走、逗留。若必须通过僻静、黑暗处，最好结伴而行，或携带防卫工具。发现有人尾随或窥视，不要紧张、露出胆怯神态，可大胆回头多盯对方几眼，或哼唱歌曲，或大叫同学的名字，并改变原定路线，立即向有人、有灯光的地方行走。

4. 防传销陷阱

传销人员疑似特征：传销人员将人带到比较偏远的居民楼，租房以二居室、三居室为主，至少六人以上合住。为防止你跟外界联系或者报警，他们会以"借去玩玩"等各种借口将你的通信工具没收。

防骗对策：一是不要轻信高薪工作、投资回报高等信息。二是不要贪小利而受虚假信息诱惑，情况不明，不要汇款。三是不要轻易拨打来历不明信息提示的联系电话。四是不要泄漏个人电话号码及信息。

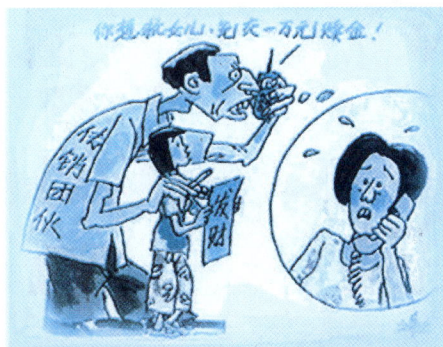

托身方法：外出的时候，注意周边的环境和标示，比如路名，商店等。在与传销人员外出的时候，找机会报警。

5. 其他应该注意的事项

签订租房合同前，一定要让房主拿出产权证和身份证，进行核对，看看这房子是不是这个人的。如果不是产权人，最好不要租二房东、三房东的转手房，如果一定要租，则要让前任承租者拿出租房合同等证明，以免上当。签下合同后，就要留下房东的联系方式，越详细越好。

在签租房合同时，还要明确租房日期、期限、租金变更方式等，避免使用模糊语言。出租房内原有的家具、家电等设施要在合同中详细列明，包括数量和价格等最好写清楚，然后对于这些附属设施设备的维修义务也应当明确约定，如果东西坏了谁来修，费用由谁支出等都要事先约定好。

水费、电费、电话费、物业管理费等费用负担当然也要事先谈妥，是否包括在房租内，如果不包括，是否每个月定额，还是按照实际使用的费用由承租一方负担。

违约责任要明确。比如，出租人逾期交付房屋，或者租期结束承租人逾期退租的，可以每日按高于租金标准收取违约金；若出租人擅自收回房屋，或者承租人擅自退租的，可约定一次性承担较高的违约金，也可以约定支付未使用租期的租金作为违约金。

第二节 交通安全

一、遵守交通规则

（1）不要无牌驾驶摩托车。

（2）在道路中不要成群结队行走或骑自行车。

（3）不要边走边玩手机。

（4）不要骑车横冲直闯，争道强行，只顾自己行驶，不管前方情况和左邻右舍的安全，当机动车临近时也毫不相让。

（5）出行要搭乘公共交通工具，不要搭黑车或者在人少的地方打摩的。

二、错误行为示例

骑自行车转弯时不要突然猛拐
应当减速慢行，伸手示意

骑自行车不要追逐打闹

乘坐机动车时，不要将头
和手伸出车外

出租车和小型机动车乘客不
要从左侧上下车

骑自行车不要攀扶机动车

骑自行车不要双手离把
或者手中持物

过马路时，不要横穿猛
跑突然倒退折返

不要在机动车道内做卧、停
留、嬉闹

第三节 安全标示常识

一、安全色及安全标识

（1）安全色是被赋予安全意义而具有特殊属性的颜色，包括红、黄、蓝和绿四种颜色。

（2）安全标志类型：禁止标志、警告标志、指令标志、提示标志。

禁止标志的含义是禁止人们不安全行为的图形标志。其基本形式为带斜杠的圆形框。圆环和斜杠为红色，图形符号为黑色，衬底为白色。

红色表示禁止、停止的意思

警告标志的含义是提醒人们对周围环境引起注意，以避免可能发生危险的图形标志。其基本形式是正三角形边框。三角形边框及图形为黑色，衬底为黄色。

当心有害气体中毒
黄色表示注意、警告的意思

指令标志的含义是强制人们必须做出某种动作或采用防范措施的图形标志。其基本形式是圆形边框。图形符号为白色，衬底为蓝色。

必须戴安全帽
蓝色表示指令、必须遵守的意思

提示标志的含义是向人们提供某种信息的图形标志。其基本形式是正方形边框。图形符号为白色，衬底为绿色。

绿色表示通行、安全和提供信息的意思

二、常见安全标识

1. 禁止标志

2. 警告标志

3. 指令标志

必须戴防护眼镜　　必须戴防毒面具　　必须戴防尘口罩　　必须戴安全帽　　必须系安全带　　必须戴防护手套　　必须穿防护鞋

第四节　生产安全

一、劳动用具穿戴

生产过程中存在着各种危险或有害因素，会伤害职工的身体，损害健康，有时甚至致人死亡。长期来，人们汲取了各类事故的教训和经验，在劳动中按规定使用劳动防护品是十分必要的。下面是劳动防护品穿戴对比。

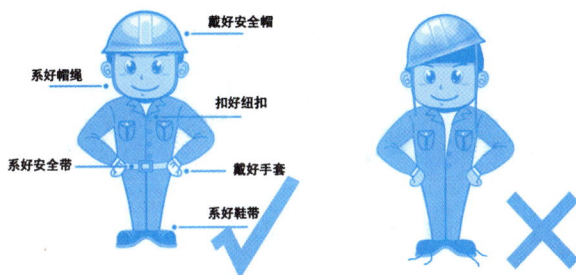

戴好安全帽
系好帽绳
扣好纽扣
系好安全带
戴好手套
系好鞋带

机械加工时要求女工戴护帽，避免将头发绞进机器。要求不得戴手套，避免机器将手套绞进去，将手绞伤。从事电焊工作时，必须穿戴焊接面防护具。在进行打磨工作时，必须穿戴防风帽。从事喷漆、补漆、涂装工作时，必须穿防静电工作服或纯棉工作服，佩戴防毒口罩。从事电工工作时，必须穿戴绝缘手套和绝缘鞋。

二、工作前的准备

在现代化生产企业中，机械设备已经在工作中必不可少，人们驾驭好它，它才能更好运作，检查机械的防护装置安装的位置是否正确、有无松动现象，是操作机器前必备的工作。

（1）上岗前要穿好工作服，扎紧袖口、扣全纽扣。操作有切屑飞出的或有强光产生的机械时要戴好防护眼镜。检查各操作手柄是否已退到空挡位置上。

（2）头发较长者应将长发压在工作帽内进入施工现场。

（3）查看交接班记录，异常情况是否已经处理完毕。

三、突发机械故障应急处理

机械设备已经成为现代化生产作业很重要的一部分，与此同时各类设备伤害事故也不时发生。

（1）当设备出现故障时，必须首先清理周围闲杂人员。

（2）立即切断电源或动力，迫使机械设备停止运转。

（3）如果是轮式机械，必须立即靠边停放，拉好手制动。

（4）机械设备在运转时，严禁用手调整；也不得用手测量零件，或进行润滑、清扫杂物等。如必须进行时，则应首先关停机械设备。

（5）在生产过程中发现设备处在异常状态等不安全因素时，不准随意离开。立即报告主管领导，立即通知修理人员进行修理或抢修。

案例

某盐业公司制盐工段夜班时间，由于一活塞式离心机有异响，维修工段班长谢某、维修工王某等人前去检修。离心机操作工李某把离心机关闭后，由于惯性，离心机转鼓尚未完全停下来。此时，谢某就把手伸进了离心机壳内，李某制止未果，谢某的中指和无名指被夹在了离心机刮刀与筛网之间。王某用工具把离心机外门打开，谢某的手指才得以抽出。谢某被送往医院治疗，手指成粉碎性骨折。

四、化学品小常识

1. 危险化学品的危害

（1）引起中毒、窒息、导致死亡。

（2）发生灼伤、烧伤、冻伤。

（3）引起职业性肿瘤。

（4）损害骨骼、眼睛。

（5）发生为灾、爆炸，污染环境。

2. 危险化学品的家族

危险化学品的家庭包括：爆炸品；压缩气体和水液化气体；易燃液体；易燃固体、自燃物品和遇湿易燃物品；氧化剂和有机过氧化物；有毒品；放射性物品；腐蚀品。

3. 危险化学品放置要求

管道煤气或液化石油气在日常生活中应注意关牢阀门，注意使用场所通风。在装修场所应禁止吸烟和点火，装修后应注意室内通风。

4. 危险化学品的报废处理

不得私自放空或者倾倒残液，应由供气厂家处理带有残液的气瓶和报废气瓶。不得将废气的摩丝包装瓶、油漆罐、电池等投入火中燃烧。

五、常见事故处理

1. 机械性伤害应急处理

第一时间查看患处，对于浅表性伤口，用棉球蘸取酒精或药水轻轻擦拭患处，并贴上创可贴；对于创口较大、较深、出血不止，应按压创口止血，作简单处理后，立即送医院。

2. 眼睛受伤的紧急救护应急处理

轻度眼伤如眼进异物，切记不可用手揉搓，以防伤到角膜、眼球，可叫现场同伴翻开眼皮用干净手绢、纱布将异物拔出。如眼中溅入化学物质，要立即用水反复冲洗。重度眼伤，千万不要试图拔出插入眼中的异物，若见到眼球鼓出或从眼球中脱出东西，不可把它堆回眼内，这样做十分危险，可能会把能恢复的伤眼弄坏，应让伤者仰躺，救护者设法支撑其头部，并尽可能使其保持静止不动，同时可用消毒纱布或刚洗过的新毛巾轻轻盖上伤眼，尽快送往医院。

3. 中暑的救护方法

高温中暑的应急救护要点是：迅速将中暑者移至阴凉通风的地方，解开衣服，脱掉鞋子，让中暑者平卧，头部不要垫高，再用凉水或 50% 酒精擦其全身进行降温，同时还应适当地补充水分。

4. 遇到危险化学品的救护方法

危险化学品中毒救护人员必须戴防毒面具进入现场，阻断毒物泄漏处，阻止毒物蔓延扩散。如时间短，对于水溶性毒物，可暂时用湿毛巾捂住口鼻，迅速将中毒者移离现场至上风向、空气新鲜处，松开患者衣领、裤带，并注意保暖。如果皮肤被污染，用大量流动清水冲洗 15 ～ 30 分钟；头、面部受污染时，首先注意眼睛的冲洗。如果中毒者因口服中毒，毒物为非腐蚀性物质，要立即催吐。如果毒物为强酸、强碱，催吐反而会使食道、咽喉再次受到严重损伤，可改服牛奶、蛋清等。如果中毒引起呼吸、心跳停止，应进行口对口人工呼吸和心脏胸外按压术。

5. 一氧化碳中毒救护方法

一氧化碳中毒救护人员必须戴防毒面具或用湿毛巾捂住口鼻进入现场，切断毒源，打开窗子和通风装置，排除过量有毒气体；将中毒者移至空气新鲜处，解开领口，使其头后仰，并用湿毛巾冷敷额头或戴冰帽降温，以保护脑细胞，一般轻度中毒者 2 ～ 3 小时后症状消失。如果中毒者呼吸、心跳停止，立即进行人工呼吸及胸外心脏按压，同时拨打急救电话，或送到带有高压氧舱的医院急救，途中要保持头低脚高体位，禁食禁水。

第五节 厂房安全

一、用电安全

（1）电缆或电线的驳口或破损处要用电工胶布包好，不能用医用胶布代替，更不能用尼龙纸包扎。不要用电线直接插入插座内用电。

（2）电器通电后发现冒烟、发出烧焦气味或着火时，应立即切断电源，切不可用水或泡沫灭火器灭火。

（3）不要用湿手触摸灯头、开关、插头插座和用电器具。开关、插座或用电器具损坏或外壳破损时应及时修理或更换，未经修复不能使用。

（4）厂房内的电线不能乱拉乱接，禁止使用多驳口和残旧的电线，以防触电。

（5）发现有人触电，千万不要用手去拉触电者，要尽快拉开电源开关或用干燥的木棍、竹杆挑开电线，立即用正确的人工呼吸法进行现场抢救。

二、消防安全

火灾的发生不受时间、空间的限制，随时随地都有可能发生，而且蔓延会很快，遇到险情时，要冷静处理。

起火后的 3 ~ 5 分钟为火灾初期，是扑救火灾的最佳时期，要及时报警，及时组织扑救，利用多种有效方法将火灾扑灭在初期阶段，如果遇到大火无力扑救，要尽快逃离现场。

（1）灭火时，人应该站在上风处。

（2）不要将灭火器盖与底对着人体，以免盖、底弹出伤人。

（3）不要同时与水一起喷射，以免影响灭火效果。

（4）扑救电器火灾时，应先切断电源，防止人员触电。

提　醒

　　烫伤紧急处理，第一时间赶快大量冲水，最少要冲半小时或者将受伤的部位浸泡于冷水中，以减少热量停留在伤口的时间，然后将身上的衣物脱掉，对于严重烫伤，例如头面、颈部要及时送医急救。

第六节　办公室安全

一、办公室隐患

（1）摔倒。这是最常见的办公室事故，滑倒绊倒等。可能造成摔伤、扭伤等，严重的可能骨折。

（2）与物体相撞。如与门、工作台、文件柜、拉开的抽屉、走路的行人等。可能造成碰伤、流血等。

（3）物体打击。被从工作台、文件柜上掉下的物体砸伤。可能造成外伤、砸晕等。

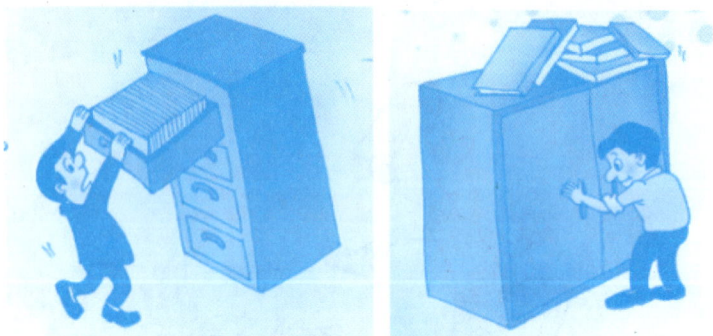

（4）夹伤。主要是夹入抽屉、门窗或复印机、风扇等机器和设备中。可能造成外伤。

（5）火灾。办公室电气设备不良、老化产生的电火花，乱扔烟头引燃办公室易燃物等。引起火灾，造成财产损失，严重时有人员伤亡。

（6）触电。办公室电气插座引起触电事故，开关损坏，带电体外露会发生触电。严重时有人员伤亡。

（7）其他不安全因素。包括杂物进眼睛、割伤、烫伤等。

二、安全行为提示

地板湿滑，应摆放警示标识并及时给予清洁。

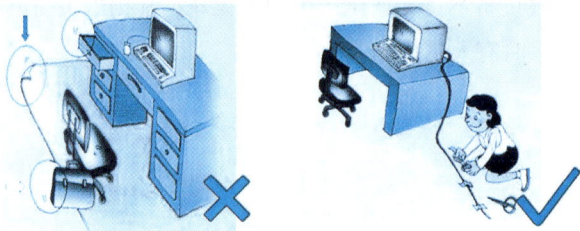

办公室插座，不宜"一座多用"，否则很容易出现问题。

正确搬运箱子等大件物品，防止受伤。

三、著名企业安全警示

（1）广州地铁：99＋1＝0，九十九分的安全营运，但只要加上一个事故，就等于前功尽弃。

（2）宝洁公司：关爱生命．关注生活。

（3）广汽丰田：你重视，我参与，安全生产一起抓。

（4）海尔电器：分分秒秒珍惜生命．时时刻刻重视安全。

（5）平安保险：客户是上帝，质量是生命，地球是市场，安全是保障。

（6）统一食品：安全一松，全线告终；坚持不懈，万事成功。

（7）广汽本田：安全保驾，安全护航。

（8）格力集团：时时注意安全，处处预防事故。

第七节　心理健康

一、实习生常见心理疾病

实习生常见心理疾病主要是指严重心理障碍，包括多种不良的心理和行为，常见心理疾病主要包括以下方面。

1. 神经衰弱

神经衰弱，表现为难以入睡、失眠、头痛，注意力不能集中。对神经衰弱的学生，合理安排学习和生活作息，适当参加娱乐活动和体育锻炼，并进行必要的心理治疗，一般可以收到较好的效果。

2. 强迫症

患有强迫症的人，明知某种行为或观念不合理，但却无法摆脱，因而非常痛苦。在众人面前表现得十分拘谨，容易发窘，过分克制、严格要求自己，生活习惯较为呆板，墨守成规，兴趣和爱好不多，对现实生活中的具体事物注意不够。

3. 抑郁症

抑郁症，表现为情绪低落、精力减退、注意力不集中、失眠或早醒和食欲下降。最突出的症状是持久的情绪低落，表情阴郁，无精打采、困倦、易流泪和哭泣。

4. 焦虑症

患有焦虑症的人过分关心周围事物，注意力难以集中，从而使工作和学习效率明显下降。在其性格上也有一定的特点，大多胆小，做事瞻前顾后，犹豫不决，对新事物、新环境适应能力差。

5. 适应障碍

适应障碍是指由于适应不良而造成的心理障碍，主要表现为失落感、冷漠感和自杀。进入职场后学生容易碰到挫折或者是达不到目标，如果缺乏正确的方法调节，容易出现这种症状。

二、出现心理障碍或疾病要及时求助

近年来实习生心理问题与心理疾病发生率逐年上升，如心理出现问题要及时寻求帮助，通过心理咨询和治疗走出阴影。常见的求助方法主要包括以下几个方面。

1. 面谈咨询

找校园或专业机构的心理咨询师进行面谈，面对面的交流可以帮助心理咨询师更好地了解心理问题，有利于帮助实习生更好的解决心理问题。

2. 通信咨询

通信咨询主要是指当事人以电子邮件或信件的方式向心理咨询师询问相关心理问题，对于那些不善于表达或者较为拘谨的当事人来说是一种较易接受的方式，但是咨询的结果会受咨询师书面表达能力的限制。

3. 电话咨询

电话咨询即向心理热线求助。电话咨询是一种既便宜又比较方便的咨询方式，咨询师可以及时回答你提出的心理问题，帮助及时解决心理问题。

4. 向父母、老师求助，向同学、朋友求助

一个人最善于沟通的对象主要是自己的父母、老师、朋友、同学等，与这些人沟通起来会比较方便，便于打开自己的心理死结。

5. 向专业医生求助进行药物辅助治疗

当心理疾病非常严重时，必须接受药物辅助治疗。

三、拓展阅读——如何防止节后综合征

长假后上班的第一天，人们有可能会不适应，还可能出现了焦虑、郁闷、烦躁等情绪，甚至对上班怀有恐惧的心理。下面详细谈谈节后综合征这些事。

1. 节后综合征的表现

（1）上班恐惧症：长假过后，总有一些人心里会产生莫名其妙的恐惧感，甚至有茶饭不思、身心俱疲、精神涣散等症状，全然没有上班时的朝气，医学上叫作"节后上班恐惧症"。

（2）假日消化不良综合征：长假里，串亲戚、朋友聚会样样都离不了饭局，天天是鸡、鸭、鱼、肉等美味佳肴，顿顿吃得是满嘴流油。再加上各种美味的零食，一天到晚嘴闲不着。过不了几天，有些人便觉得毫无胃口，吃不下东西了，肚子胀满不适，胃部隐隐作痛，再好的饭菜也不想吃，甚至看见就恶心。

（3）节日情感失调综合征：有些人能忙不能闲，尤其是文秘人员、科研工作者、私企或外企的白领，平时腿上好像上了发条，一天到晚忙得不亦乐乎，倒也感觉挺好。放假可以休息下，可他们好像有种"失落感"，待在家里度日如年。

（4）睡眠紊乱综合征：长假里，许多人都选择走亲访友，或外出旅游。回来后，有些人却是夜里精神抖擞，熬到早晨才能睡着；白天是头昏脑涨，提不起精神来。

（5）麻将综合征：长假里，有些人彻底玩麻将。然而，过完节上班后病便来了，低头时间稍微长些，头两边的"太阳穴"就嘣嘣的跳着痛，头也好像有个紧箍咒，脖颈也是酸痛不适，不能伸展。

就差你了

（6）沉溺网络综合征：长假期间，不少人是足不出户，一天到晚与电脑为伴，沉溺于网络，不是下棋就是聊天或者玩网络游戏。几天下来，只觉得头重脚轻，眼睛发干，涩痛不适，看东西发花，还成了双影。

2. 舒缓节后综合征

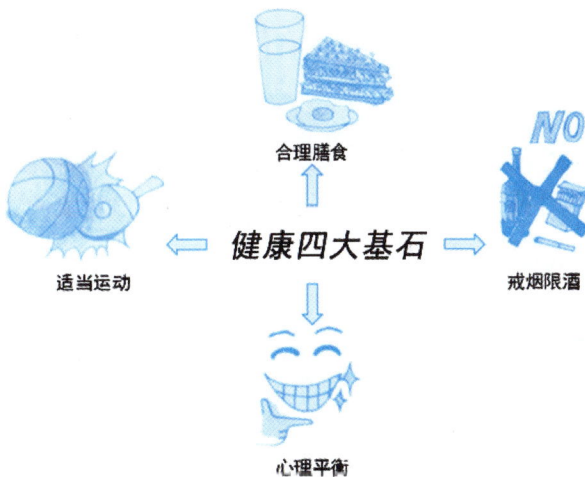

职场贴士：预防"节后综合征"

合理膳食

健康四大基石

适当运动　　戒烟限酒

心理平衡

（1）采取补救措施，把生物钟调整正常。早睡早起，保证睡眠，有条件的还可以午休一会儿，晚上睡前洗个热水澡，尽量恢复到节假日前的作息时间。

（2）调整心理，尽快收心。可以尽快停止各种应酬，试着缓和亢奋的神经，把自己的心理调整到工作状态上，让思维恢复到平时那种紧张的运作模式中。

（3）做好自我调节。如多阅读报刊，听听音乐，提前安排工作计划。

（4）做适量运动，像慢跑、散步、跳舞等，以振奋精神。

（5）调整饮食，尽快恢复体力。心理疲劳多吃些易消化的食物，避免过冷、过硬、过辛辣的饮食，减轻肠胃的负担。多吃些新鲜水果、蔬菜和含有丰富蛋白质与维生素的动物肝脏等。每天还应多饮用热茶、活性水或纯净水，适当控制零食，以便缓解身体的疲劳感。

（6）遵从医嘱，做好节后检查。必要时可在医生的指导下服用一些药物，改善情绪，消除恐惧。特别是患有消化道、呼吸道、心血管疾病的人们，节后最好到医院进行体检，或做必要的药物调节。

第九章　积极进取，把握职场机遇

　　积累社会实践经验，提升个人的职业素养是实习阶段的主要任务。一名毕业生应该着眼于规划自己的职业生涯，制订成长计划，踏实工作，奠定将来就业的基础。

本书编撰的目的在于呈现职场的真实面貌，模拟职场的发生各类场景，如求职场景、沟通场景、人际矛盾场景、安全场景以及网络时代的职场变化，希望为广大实习生提供有效的参考。

本书最后提出三个建议。

（1）调整预期，笑对现实。实习生面临的第一个挑战是心理期望和社会实际的冲突，在求职过程中肯定有很多不如意的地方，既然客观条件不能改变，就改变自己，使自己的期望和社会一致。

（2）摆正心态，明确身份，脚踏实地。实习生面临的第二个挑战就是融入团队，适应企业文化有障碍。问题的症结在于我们还是以学生的角色要求单位，而非职场人员，才造成心理落差。请记住，走出校门你就是职场人员。

（3）安全警钟，时刻敲响。安全问题始终伴随整个职业生涯，要时刻警惕，千万不能大意疏忽，抱有侥幸的心理，该做好的安全措施一定要做好。此外，不能够贪图一时的工资，做超出实习生该做的工作。

案例分享

你是"金子"还是"铁锈"——京东用人大观！

SPEED　　STAGE　　STYLE　　SUCCESS

据刘强东介绍，京东目前已经有7.5万名员工，管理这么多人是个大难题。在京东内部有一张表格，叫"能力价值观体系"，选人、留人、辞人都要以此为依据。按照这张表格，所有的员工都可以分为以下5类。

（1）能力一般，价值观不匹配，叫"废铁"。能力即业绩、绩效，可以用分数衡量，但价值观不用分数点评，而是看匹配度。"任何一家公司都要提出你的价值观是什么，这是企业文化的核心部分。"刘强东介绍，京东考核员工的能力和价值观的途径有两个：问卷测试和日常行为观察。在重要性上，京东认为"价值观第一，能力第二"。对于"废铁"，京东会选择不录用或者弃用。

（2）价值观非常匹配，能力不达标，叫"铁"。对待这类员工，京东会给予至少一次转岗机会，通过调岗或者培训，发掘他们擅长的领域。如果依然不达标，就会被请走。刘强东有言："公司不是慈善机构，同样面临生存压力。"

（3）能力和价值观都在80分到90分之间，叫"钢"。京东80%的员工属于此列，是公司的支柱。

（4）价值观匹配度极高，能力极强，叫"金子"。在京东内部此类员工占到20%，是带领公司不断进取的那群人。

（5）能力非常强，价值观不匹配，叫"铁锈"。刘强东认为，铁锈往往最让企业老板们头疼，因为这类人能力极强，能出业绩，不犯错误的时候什么都好，但出问题时具有腐蚀性和煽动力。对于"铁锈"，刘强东的态度是坚决不留，他笑称"希特勒是全世界最大的铁锈"。

在京东，中高级管理人员都要做360度考核，考核对象包括：一年连续四个季度的业绩得分，对同级别、上级和下级的访谈，以及无记名打分投票，行为等等。

为什么金子是20%，钢是80%？刘强东认为，金子太多意味着结构不稳定，会影响公司发展，毕竟公司的薪水和空间都是有限的。当然，金子太少也容易出问题。"二八规则是存在的，人才结构方面，80%的钢加20%的金子，是相对稳定的团队结构。"

课后探究

1．张伟是工商管理专业毕业，刚毕业时进入一家大型跨国企业工作，但是1个月之后主动离职，原因是工作枯燥，没有发展机会。后来他又进入一家民营企业做企业管理，半年后又辞职，理由是工作累，工资低，觉得付出多，收获少。再后来他进入了一家国企单位，半年左右离职了，理由是公司人事太复杂，自己感觉不自由。两年换了4份工作，他的同学中有的人已经升职了，有的人开始独立负责项目了，但是自己一直碌碌无为。请问：

（1）张伟的这种情况是公司的原因，还是自己职业规划的原因？

_____

_____

_____

（2）对于自己的职业规划，我们要注意哪些方面？

_____

_____

_____

2．李嘉诚是善于自我反省的成功商人，曾经说过："我有什么心愿？我有宏伟的梦想，但我懂不懂什么是有节制的热情？我有与生命拼搏的决心，但我有没有面对恐惧的勇气？我有信心，有机会，但有没有智慧？我自信能力过人，但有没有面临顺境、逆境都能够恰如其分行事的心力？"请思考：

（1）你觉得自己有什么优点和缺点？

_____

_____

_____

（2）你身边的朋友是如何评价你？

_____

_____

_____

（3）你觉得自己适合做怎样的工作？

_____

_____

_____

3．角色转换。

（1）作为一名求职者，讲讲你对企业有哪些要求？

_____

_____

_____

（2）假设你是企业的HR，你最希望能招聘哪些人才，为什么？

_____

_____

_____

（3）思考一下你自己怎样成为企业需要的人？

_____

_____

_____

4．小明刚毕业就进入一家外贸公司上班，公司的同事都非常热情，其中有两个员工还是学校师兄，一个师兄对小明说："在企业最重要的是学会做人，处理好人际关系，其他的没有那么重要。"而另一个师兄却说："在企业最重要的是做事，有业绩才有话语权。"如果你是小明，请你分析一下这两个师兄的建议。

_____

_____

_____

5．阿里巴巴始创人马云给新入职的员工5个建议：一看，来到公司先看，少发言，观察一切你感兴趣的人和事；二信，问自己信不信这家公司的人、使命、价值观、信不信他的未来；三思考，思考自己可以为实现这家公司的理想和使命做些什么；四行动，懂道理的人很多，但能坚持按道理做事的人很少；五分享，经过看、信、思考、行动后，你的观点才真正珍贵。请问：作为一名新人，如何让上司、同事信任你？

_____

_____

_____

6. 客服小王的职责是配合销售部与市场部开展工作。前不久，市场部策划的大型节日让利活动正式开始了，可是销售部反馈来的信息是，客户对此活动不感兴趣，并不像市场部预期的那样能积极要货，一些老客户甚至明确拒绝要货。市场部认为小王没有做好传达活动精神的工作，而销售部认为小王是在替市场部向他们施压。公司总结活动失败原因时，两个部门不谋而合地把责任归咎于小王工作不力，让小王感到很委屈。于是小王愤而辞职。请问小王的问题是什么？如何解决？

_____

_____

_____

7. 小张是新入职的员工，他不得不经常面对不同领导的不同要求，感觉时时处在夹缝中。上周，主管要求小张给合作媒体群发电子邮件，为一个即将开展的大型活动造势；而小张记得，公司经理在季度会议上特别提出过：联系合作单位时一定不能图省事，很多人会忽略群发的邮件，或者认为对自己不尊重，而且一不小心还可能泄露秘密。但主管给小张的时间只有两个小时，如果一一电话联系媒体肯定来不及；同时，活动宣传这种事并不是太重要的秘密，发邮件未尝不可。请问小张存在的问题是什么？小张该怎么办？

_____

_____

_____

8. 在互联网时代，有不少诈骗陷阱披着合法的外衣。如近期的大学生 P2P "裸贷风波"、不法分子披着微商的外衣进行传销活动、发展投资下线等形式。初入社会，我们应该怎样辨别这些陷阱，保护好自己的人身财产安全。

_____

_____

_____